AXEL HOLST

Mia Meyer -

eine Heidedichterin in der Mark Brandenburg

1925 - 1945

SPUREN 19

SCHRIFTENREIHE ZUR GESCHICHTE BIENENBÜTTELS

UND DER ORTSTEILE

BIENENBÜTTEL 2016

Zu diesem Buch gehört eine CD mit den Texten Mia Meyers von 1922 bis 1945. Sollte die CD in diesem Exemplar nicht vorhanden sein, wenden Sie sich bitte wegen einer Ersatzlieferung an den **Arbeitskreis Geschichte Gemeinde Bienenbüttel 29553 Bienenbüttel, Marktplatz 1, Rathaus.**
email: archiv@ak-geschichte-bienenbuettel.de

Impressum

Copyright 2016 by Gemeinde Bienenbüttel
Alle Rechte vorbehalten

Arbeitskreis Geschichte Bienenbüttel

Konzept, Text und Layout: Axel Holst

Umschlagbild von Klaus Wedekind unter Verwendung des Titelbildes vom Kreis-Kalender Beeskow - Storkow 1928

ISBN 978-3-7412-0420-3

Herstellung und Verlag: BOD – Books on Demand, Norderstedt

Inhaltsverzeichnis

	Seite:
Vorwort	5
I. Mia Meyers Biographie 1894 – 1945	7
II. Mia Meyers Texte in Beverbeck bis 1925	21
III. Mia Meyers Texte im „Täglichen Kreisblatt für den Kreis Beeskow - Storkow"	25
IV. Mia Meyers Texte im „Kreis-Kalender für den Kreis Beeskow - Storkow"	59
V. Mia Meyers „Een Mundvull Platt von düt un dat"	75
VI. Mia Meyers „Feierstundenträumereien"	93
VII. Mia Meyers Lose- und Einzelblätter	133
VIII. Mia Meyers „Zwischen Ostern und Pfingsten"	151
Anhang: Nachweis der verwendeten Quellen	157
Endnoten	177

Vorwort des Verfassers:

Mia Meyer – eine Heidedichterin in der Mark Brandenburg

Die Älteren unter den Einwohnern der heutigen Einheitsgemeinde Bienenbüttel erinnern sich vielleicht noch an persönliche Begegnungen mit Mia Meyer, der langjährigen Schriftführerin der Bienenbütteler Landfrauen, oder sie kennen zumindest einige Texte von ihr. Ihre vielen Gedichte und Geschichten hat sie größtenteils plattdeutsch im *„Heidewanderer"* der Allgemeinen Zeitung Uelzen und im *„Heimatkalender Uelzen"* von 1949 bis zu ihrem plötzlichen Tod im Januar 1962 veröffentlicht.

Gesammelt und herausgegeben wurden die Texte nach ihrem Tod von dem mit der Familie befreundeten Otto Dittmer aus Melbeck in den beiden Bänden *"... die Gedanken ernst nach oben weist ...- Mia Meyer: Gedichte und Geschichten"*, Melbeck 1981, 2. Auflage 1989, sowie Mia Meyer: *"Gedichte und Geschichten zum Jubiläum 1000 Jahre Bienenbüttel"*, Melbeck 2004. Die genaue Entstehungszeit der Texte war meist unbekannt, und man ging davon aus, dass sie fast alle erst nach der Rückkehr Mia Meyers 1945 mit Sohn und Ehemann aus Beeskow in der Mark Brandenburg zum elterlichen Hof in Beverbeck entstanden sind.

Und was hat sie in den 50 Jahren vor 1945 in Beverbeck und in Beeskow/Mark gemacht ? Hat sie auch da schon Gedichte und Erzählungen geschrieben, von denen wir bisher nichts wussten? Sind diese Texte eventuell sogar veröffentlicht worden ? Die Teilung Deutschlands hatte das Ihrige getan, dass das Land zwischen Berlin und der Oder fast völlig aus unserem Blickwinkel verschwunden war. Jetzt ist es wieder zugänglich und bietet nicht nur landschaftliche, sondern auch reiche kulturelle Schätze. Trotz der Kriegszerstörungen bei den Kämpfen zwischen der Oder und Berlin im Frühjahr 1945 ist überraschend viel erhalten geblieben oder inzwischen wiederhergestellt worden.

Es lohnt sich heute also, einen genaueren Blick auch in die erste Hälfte des Lebens von Mia Meyer in der Mark Brandenburg zu werfen, um vielleicht noch Unentdecktes rechtzeitig zu entdecken, solange Zeitzeugen leben und Schriftliches privat oder in Archiven aufbewahrt wird.

Meine Beschäftigung mit Mia Meyer begann im Jahr 2009 bei den Arbeiten zum Band 10 der Schriftenreihe SPUREN für das Kapitel „Schreibende Frauen in Bienenbüttel". Dafür habe ich erstmals Arbeiten von Mia Meyer in den Stadtarchiven Bad Bevensen und Uelzen und im Kreisarchiv Uelzen gesucht und gefunden. Bei diesen Recherchen hat mir schon damals der in Braunschweig lebende Sohn Mia Meyers, Dr. Uwe Meyer, sehr geholfen, der den schriftlichen Nachlass seiner Mutter verwahrt und ihn für diese Arbeit geöffnet hat. In diesen Unterlagen befanden sich auch mehrere Texte aus der Beeskower Zeit vor 1945, was mein weiteres Interesse weckte.

Da selbst in Berliner Archiven kaum Beeskower Zeitungen aus der Vorkriegszeit zu finden waren, musste ich direkt vor Ort suchen. Dabei hatte ich die freundliche Unterstützung durch das Kreisarchiv Beeskow - Storkow in der alten Burg von Beeskow mit seiner Sammlung der Jahrgänge vom „*Kreis-Kalender Beeskow - Storkow*" und insbesondere vom Stadtarchiv Beeskow, das in einem schönen alten Gebäude direkt an der Stadtmauer untergebracht ist und äußerst hilfsbereite Mitarbeiter hat. Vor allem aber besitzt es trotz der Kriegszerstörungen mit den fast kompletten Jahrgängen vom *"Täglichen Kreisblatt Beeskow - Storkow"* bis 1945 eine wertvolle Quelle, die sonst in keinem anderen deutschen Archiv zu finden ist.

Dank sage ich auch Uta Rump für die Transkription von Texten aus der altdeutschen in die lateinische Schreibschrift sowie den Mitgliedern des Arbeitskreises Geschichte der Gemeinde Bienenbüttel für ihre Hilfe und ihren Rat, Dieter Holzenkämpfer und Holger Runne für die Korrekturen des Textes, Klaus Wedekind für den Umschlagentwurf und Eberhard Behnke für die technische Umsetzung des Textes in ein druckfähiges Format.

Weil ich fast ausschließlich mit Quellen gearbeitet habe, die ungedruckt oder nur schwer zugänglich sind, habe ich diese im Anhang komplett aufgelistet und auf einer beiliegenden CD abgespeichert. Interessierte können sich daher die Quellen selber am PC aufrufen und so zu Mia Meyer weiterarbeiten.

Bienenbüttel, im Mai 2016

Axel Holst

I. Mia Meyers Biographie 1894 - 1948

Marie Dorothea Meyer (Mia Meyer) wird am 5. November 1894 in Beverbeck geboren als zweites von sechs Kindern des Landwirts Johann Meyer, zeitweilig Bürgermeister von Beverbeck und Mitbegründer der dortigen Freiwilligen Feuerwehr, und seiner Ehefrau Anna Catharine Marie, geborene Vick, aus Steddorf. Von den sechs Kindern sterben drei bereits im ersten Lebensjahr, und auch Marie muss bei ihrer Geburt sehr schwach gewesen sein, denn sie erhält eine Nottaufe durch die Hebamme. Sie wächst auf mit den beiden Brüdern Alfred, geboren 1899, und Wilhelm, geboren 1900, von denen Alfred im 1. Weltkrieg 1918 in Flandern fällt, woran noch heute ein Gedenkstein auf dem Hof erinnert. Der jüngere Wilhelm erbt den seit 1559 im Familienbesitz befindlichen Hof.[1]

Mia Meyer (rechts sitzend) mit Eltern und Brüdern auf dem Hof in Beverbeck vor 1918 (Bild aus Privatbesitz Dr. Uwe Meyer)

Mia Meyer besucht acht Jahre lang zusammen mit ihrer lebenslangen Freundin Frieda Kruse, verehelichte Harms, aus Grünewald die einklassige Volksschule in Beverbeck unter dem Lehrer Heinrich Meyer und dem Schulinspektor Pastor Haentzsche aus Bienenbüttel, der sie später auch konfirmieren und trauen wird, und zu dem sie bis zu seinem Tod 1937 Kontakt hält. Nach Beendigung der Schule arbeitet sie zunächst ohne eine Ausbildung auf dem elterlichen Hof. Auf eigenen Wunsch besucht sie dann nach Ende des 1. Weltkriegs die Gewerbeschule in Hamburg. Diese Ausbildung muss sie jedoch trotz sehr guter Zensuren wegen einer längeren Krankheit der Mutter und der dadurch notwendigen erneuten Mitarbeit auf dem elterlichen Hof abbrechen.[2]

Jugendbildnis von Mia Meyer aus der Beverbecker Zeit 1915
(Bild aus dem Privatbesitz von Dr. Uwe Meyer)

GEWERBESCHULE FÜR MÄDCHEN ZU HAMBURG.
St. Georg, Brennerstraße 77.

ZEUGNIS

für die Schülerin *Mariechen Meyer*

*Winter*halbjahr *1919/20*

Benehmen in der Schule: *sehr gut*   Versäumte Stunden: *33; entschuldigt um 1/8*
Ordnung: *sehr gut*   Verspätungen:

Fächer	Kurs	Wöchentl. Stundenzahl	Fleiß	Leistungen	Fächer	Kurs	Wöchentl. Stundenzahl	Fleiß	Leistungen
Religion	GfM	I	2	1	1	Geometrisches Zeichnen				
Deutsch: Aufsatz		I	5	1	2	Zeichnen und Malen von Naturformen				
Grammatik				1	2	Handarbeit:				
Orthographie				1	2	Nähen, Flicken, Stopfen, Weißsticken				
Literatur	GfM			1	1	Feine Handarbeiten				
Englisch: Grammatik	GfM	I^B	6	1	2	Durchbruch				
Aufsatz				1	2	Klöppeln				
Lesen				1	2	Materiallehre				
Literatur						Nähmaschinenkunde				
Französisch: Grammatik						Wäscheanfertigung und Schnittzeichnen für den Familienbedarf				
Aufsatz						Wäschenähen auf der Maschine				
Lesen						Schnittzeichnen u. Zuschneiden v. Wäsche				
Literatur						Schneidern und Schnittzeichnen für den Familienbedarf				
Mathematik	GfM	II	3	1	1	Putzmachen für den Familienbedarf				
Rechnen	GfM	I	1	1	2	Fachgewerbliches Zeichnen				
Haushaltungs- u. gewerbl. Buchführung		I	1	1	2	Zeichnen und Entwerfen von Mustern				
Geschichte		I	2	1	2	Kunststicken: verschiedene Techniken				
Bürgerkunde										
Erdkunde	GfM	I	2	1	2	Sticken auf der Nähmaschine				
Gesundheitslehre						Sticken auf der Kurbelmaschine				
Biologie	GfM	I	1	1	2	Übertragen der Muster auf Stoffe				
Physik und Chemie		I	2	1	1	Waschen und Plätten feiner Wäsche				
Kunstgeschichte						Backen und Einmachen				
Zeichnen von Geräten und Gefäßen						Kochen				
Zeichnen von Pflanzen						Nahrungsmittellehre				
Schreiben						Haushaltungskunde				
Stenographie						Garten- und Blumenpflege				
Maschineschreiben						Anweisung in der Krankenpflege				
Erziehungslehre verbunden mit Beschäftigung im Kindergarten										

Stufenfolge der Zeugnisse: 1 sehr gut, 2 gut, 3 genügend, 4 mangelhaft oder kaum genügend, 5 ungenügend.

Zeugnis Mia Meyers von der Gewerbeschule für Mädchen Hamburg-St. Georg 1919/20
(Aus dem Privatbesitz von Dr. Uwe Meyer)

Aus dieser Hamburger Zeit hat sie viele Freundschaften, die teilweise bis an ihr Lebensende halten.

Am 16. Oktober 1925 heiratet sie in Bienenbüttel vor Pastor Haentzsche den vier Jahre älteren Hermann Meyer von einem Bauernhof in Melbeck, der nach seiner Ausbildung zum Wiesenbaumeister in Suderburg und Bromberg/Westpreußen eine Anstellung am Wasserwirtschaftsamt Beeskow/Mark erhält. Dieses Beeskow wird für die nächsten zwanzig Jahre ihre neue Heimat, und hier bauen beide unter Verwendung der Mitgift aus den beiden Höfen ihr neues Heim.

Das neue Haus in der Schützenstrasse 8 in Beeskow (Bild aus Privatbesitz Dr. Uwe Meyer)

In das nimmt Mia Meyer auch junge Mädchen auf, die wie sie selbst keine Berufsausbildung haben und diese durch den Besuch der Handelsschule in Frankfurt/Oder nachholen wollen. Aus ihrer Heimatregion holt sie u.a. ihre Cousine Anni Vick aus Steddorf sowie ihre Nichte Aenne Peters aus Lüneburg nach Beeskow, damit sie in Frankfurt/Oder die Handelsschule besuchen können.

Sie selbst leidet zeitlebens darunter, keine Berufsausbildung abgeschlossen zu haben und beschreibt das mit einer gewissen Verbitterung später in dem (undatierten und ungedruckten) Gedicht *„Die Frau ohne Beruf"*:

> *„Ohne Beruf" so stand es im Paß.*
> *Mir wurden fast die Augen naß.*
> *„Ohne Beruf" war da zu lesen.*
> *Und sie ist doch das nützlichste Wesen!*
> *Nur für andere zu sinnen, zu sorgen*
> *Ist ihr Beruf vom frühen Morgen*
> *Bis in die Tiefe der kargen Nacht,*
> *nur für der Ihren Wohl bedacht.*
> *Gattin, Mutter, Hausfrau zu sein,*
> *schließt das nicht alle Berufe ein?*
> *Als Köchin von allen Lieblingsspeisen,*
> *als Packer, wenn es geht auf Reisen,*
> *als Chirurg, wenn ein Dorn sich im Finger versplittert,*
> *Schiedsmann bei Kämpfen erbost und erbittert,*
> *Färber von alten Mänteln und Röcken,*
> *Finanzgenie, wenn sich der Beutel soll strecken,*
> *als Lexikon, das schier alles soll wissen,*
> *als Flickfrau, wenn Strümpfe und Wäsche zerrissen,*
> *als Märchenerzählerin ohne Ermüden,*
> *als Hüterin von des Hauses Frieden,*
> *als Puppendoktor, als Dekorateur,*
> *als Gärtner, Konditor, als Friseur!*
> *Unzählige Titel könnt' ich noch sagen*
> *(doch soll sich der Drucker nicht länger plagen)*
> *von Frauen, die Gott zum Segen erschuf –*
> *und das nennt die Welt dann „Ohne Beruf".*

Dieses Gedicht muss vor 1945 entstanden sein, denn nur zu jener Zeit enthielten die Personalausweise im Deutschen Reich die Rubrik „Beruf".[3]

Von Beeskow aus hält sie engen brieflichen Kontakt zu ihrer Familie in

Beverbeck und zu ihrer Freundin Frieda Harms. Feier- und Urlaubstage verbringt sie mit Mann und Sohn in Beverbeck. Folgender Brief Mia Meyers an Frieda Harms gibt einen kleinen Einblick in diese Zeit:[4]

ARCHIV
HARMS, R. STE
NR. 22/13

Beeskow, den 2.3.1936

Liebe Frieda,

„was man schwarz auf weiß besitzt", — das ist nämlich Dein Geburtstagsdatum. Im Heimatkalender 1936 habe ich es entdeckt und mir fest vorgenommen, Dir nun auch bestimmt zu schreiben. Ich habe wohl immer schon gewußt, daß Du im März das Licht der Welt erblicktest, nur das Datum konnte ich nicht behalten. — Also zunächst von Hermann und mir herzlichste Wünsche zu Deinem Geburtstage. Möge dieser Tag ein fröhlicher Anfang eines glücklichen Jahres für Dich werden! — Wie geht es Euch allen? Wir hören zwar selten voneinander, aber ich gebe mich der Hoffnung hin, daß Du Dich hin und wieder auch an uns erinnerst und Deine Gedanken auch mal nach Beeskow wandern. Von mir kann ich sagen, daß ich oft im Geiste bei Dir in Eurem gemütlichen Heim weile. Die Zeit ist ja nicht mehr fern, dann werde ich wieder nach Bruerbeck fahren und ich hoffe, auch Dich in den Ferienwochen zu sehen. Mein Mann wird wahrscheinlich eine Kur machen müssen in diesem Sommer und wird dann nur kurze Tage oder gar nicht mit nach Bruerbeck kommen können. Umso mehr Zeit werde ich dann aber für meine alten Freunde haben. Genaues liegt aber noch nicht fest für den diesjährigen Urlaub. Nur darüber sind wir uns einig, daß wir ihn zeitig nehmen wollen, denn Hermann muß dringend ausspannen. Durch die Versetzung eines Kollegen und Krankheit seines Chefs hatte er im letzten Jahre zuviel Arbeit. Seit heute ist ein neuer Kollege wieder hier und nun hoffen wir auf bessere Tage. – – Was macht Deine Familienforschung? Wir hatten hier vorige Woche eine Heimatwoche von der N.S. Kulturgemeinde. Das war eine fabelhafte Sache. Unter den ausgestellten alten Dokumenten, Büchern u.s.w. befanden sich viele vom Alten Fritz, ja vom Großen Kurfürsten unterzeichnete Schriftstücke. Ein Schöffenbuch von 1200 war das älteste und ein Kräuterbuch von 1500 das schönste der Bücher. Außerdem hatten wir im Nebensaal eine Ausstellung von Bildwerken

und Plastiken von heimatlichen Künstlern der Jetztzeit zu bewundern. Vielen große Meister z.B. Professor Thorack wohnen im Kreise Beeskow. An 3 Abenden gab es noch besondere Veranstaltungen: Konzert, Heimatgeschichtliche Plauderei und Dichterstunde. In letzterer wurde sogar etwas von mir vorgetragen. — Wir Heimatgebundenen können uns freuen, daß man jetzt endlich auch behördlicherseits etwas für Heimatpflege tun will. Bei vielen muß doch erst der Sinn dafür geweckt werden. — — Kann ich Dir mit den beiliegenden plattdeutschen Versen, die mir erst dieser Winter geschenkt hat, eine kleine Freude bereiten? Dir und den Deinen, liebe Frieda, sowie allen bekannten Geburtstagsgästen herzlichste Grüße von uns beiden
                                Dein Marichen M.

Ihren Eltern widmet sie Weihnachten 1930 unter dem Titel „Een Mundvull Platt von düt un dat" ein Buch von über 100 Seiten in altdeutscher Schrift mit Gedichten in ihrem geliebten Plattdeutsch, die sie in Beverbeck und seit 1925 in Beeskow geschrieben hat.⁵ Ostern 1933 nimmt sie ihren gut dreieinhalbjährigen Neffen Werner mit nach Beeskow, wo er bis Pfingsten bleibt und dann mit ihr nach Beverbeck zurückkehrt. Die Erlebnisse mit dem Kleinen schildert sie in dem ihrer Schwägerin Anna gewidmeten maschinenschriftlichen Büchlein *„Zwischen Ostern und Pfingsten – Was der kleine Werner aus der Lüneburger Heide in Beeskow erlebt hat."*⁶ Hier in Beeskow wird am 2. August 1937 ihr einziges Kind, ihr Sohn Uwe, geboren.

Mia Meyer und ihr Sohn Uwe in Beeskow (Bild aus Privatbesitz Dr. Uwe Meyer)

Ab April 1926 veröffentlicht sie erstmals Gedichte und Erzählungen im *„Täglichen Kreisblatt für den Kreis Beeskow - Storkow"* und ab 1927 auch im jährlichen *„Kreis-Kalender für den Kreis Beeskow - Storkow"*. Gleich im ersten Jahr widmet sie ihrer neuen Heimat das Gedicht *„Beeskow"*:[7]

> *„Kleine Stadt, es will der Alltag*
> *Gar zu gern in dir regieren,*
> *Will so wie an andern Orten*
> *Hart und streng die Zügel führen.*
>
> *Doch es blieb in Deinen Mauern*
> *Etwas von Romantik hängen,*
> *Deren blaue Zipfelenden*
> *Neckisch sich dazwischen drängen.*
>
> *Laß sie flattern, diese Enden,*
> *Denn sie können dir berichten*
> *Aus den längstentschwund'nen Zeiten*
> *Wundersame Traumgeschichten..."*

Diese Veröffentlichungen im Kreisblatt und im Kreis-Kalender erfolgen regelmäßig und in großer Zahl über 10 Jahre, bis sie 1935 plötzlich abbrechen.

1928 beginnt Mia Meyer ihren Roman *"Onkel Jürn"*, den sie allerdings nach 80 Seiten nie vollendet. 1932 lässt sie ihre bis dahin erschienenen oder fertig geschriebenen Gedichte und Geschichten unter dem Titel *„Feierstundenträumereien"* im Beeskower Verlag Knüppel &Haeseler, der auch den *„Kreis-Kalender"* herausgibt, „als Manuskript" drucken und widmet davon einige Exemplare Freunden und Verwandten.[8] Es ist die einzige von Mia Meyer selber redigierte Sammlung ihrer Gedichte.

Die nationalsozialistische Machtergreifung 1933 wird von Mia Meyer in den ersten Jahren zunächst öffentlich positiv begrüßt, was im Kreis Beeskow - Storkow mit über 50 % der Stimmen für die NSDAP bei den letzten halbwegs freien Reichstags- und Landtagswahlen im März 1933 nicht verwunderlich ist.[9]

Sie selbst ist nie in die NSDAP eingetreten, aber ihr Mann als leitender preußischer Beamter findet 1937 nach der Rückkehr aus dem Urlaub einen Aufnahmeantrag für die NSDAP auf seinem Schreibtisch vor, den er auch unterschreibt.

Sie engagiert sich in Beeskow im kulturellen Bereich und nach Kriegsbeginn 1939 auch bei der Betreuung Verwundeter im Lazarett in Beeskow. Öffentliche Äußerungen sind von ihr ab 1936 nicht überliefert. Stattdessen beschreibt sie am 20. Dezember 1944 in dem nur handschriftlich vorliegenden Gedicht die Not und Verzweiflung dieses fünften Kriegsjahres angesichts der aus dem Osten heranrückenden Front:

> *„Grau und dunkel sind die Tage.*
> *Kriegsnot lastet hart und schwer.*
> *Und die große bange Frage*
> *Nach der Zukunft drückt uns sehr...*
>
> *Einmal muß zur Wahrheit werden,*
> *Was der Weihnachtsgruß verspricht:*
> *Friede! Frieden auf der Erden!*
> *Einmal endlich siegt das Licht."*[10]

Wenn dieses Gedicht bekannt geworden wäre, hätte es bei einem Oberbefehlshaber Heinrich Himmler für die deutsche Front an der Oder auf jeden Fall zu einer Anklage und Verurteilung wegen Defätismus ausgereicht.

Am 31. Januar 1945 erreichen ersten Verbände der Roten Armee bei Küstrin die Oder und überschreiten sie. Das „Tägliche Kreisblatt" berichtet am 9. Februar 1945 über „Deutsche Gegenangriffe an der Oder" gegen sowjetische Brückenköpfe im Oderbruch und bei Küstrin – damit ist allen klar, dass die Kämpfe inzwischen auf dem Westufer der 30 km von Beeskow entfernten Oder stattfinden und es nur eine Frage von Tagen ist, wann Beeskow selbst Kampfgebiet sein wird. Zwar hat Heinrich Himmler am 10. Februar 1945 als Oberbefehlshaber der Heeresgruppe Weichsel in einem Geheimbefehl die Evakuierung von Frauen und Kindern in einem 15 km breiten Streifen an der Oder angeordnet,[11] aber aus allen anderen bedrohten Gebieten ist eine Flucht in Richtung Westen verboten. Dennoch versucht Mia Meyer erstmalig im Februar 1945, mit ihrem Sohn Beeskow per Bahn in Richtung Lüneburg zu verlassen, muss aber in Berlin wegen eines schweren Bombenangriffs und zerstörter Bahnstrecken umkehren. Im März 1945 schließlich gelingt ein zweiter Versuch. Zusammen mit befreundeten Frauen und deren Kindern flüchtet Mia Meyer mit ihrem siebenjährigen Sohn aus Beeskow nach Beverbeck auf den elterlichen Hof. Dort kommt sie in der Altenteilerwohnung unter, denn der Vater war wenige Wochen zuvor verstorben. Ihr Mann hingegen muss als preußischer Beamter in Beeskow bleiben und kommt erst im August 1945 nach Beverbeck. Vier Jahre wohnt und arbeitet die Familie dort auf dem elterlichen Hof, bis sie sich ab 1948 in Etappen ein eigenes Heim in der Hohnstorfer Straße in Bienenbüttel schafft.

Das neue Haus in Bienenbüttel 1952 (Bild aus Privatbesitz von Dr. Uwe Meyer)

In dieser Zeit von 1945 bis 1948 steht die Sorge um die Familie und das tägliche Brot im Vordergrund. Wenn Mia Meyer schreibt, dann ab jetzt überwiegend in Plattdeutsch für die Familie, für Freunde und für den Bienenbütteler Landfrauenverein, dessen Schriftführerin sie bei seiner Gründung 1947 wird und bis zu ihrem Lebensende bleibt. Im Gegensatz zu ihrem Mann, der immer noch sehr an Beeskow hängt, findet Mia Meyer auch sprachlich schnell wieder Anschluss in ihrer alten Heimat.

II. Mia Meyers Einzeltexte in Beverbeck bis 1925

Mia Meyer hat bereits in Beverbeck vor ihrer Heirat und dem Umzug in die Mark Brandenburg nach Beeskow Gedichte und Erzählungen verfasst, die aber entweder erst 1932 in ihrem Sammelband "Feierstundenträumereien" oder gar nicht veröffentlicht worden sind und nur als Handschriften vorliegen.[1] Die ersten Texte stammen aus dem Jahr 1922. Es handelt sich um zwei Gedichte zum Totensonntag 1922 sowie eine gereimte Entschuldigung "Liebe Frieda, sei nicht bös" vom 10.12.1922.

In dem sechsstrophigen plattdeutschen Gedicht "Totensonntag 1922"[2] versucht sie, ihre Mutter über den Verlust des gefallenen Sohns in Belgien zu trösten, im elfstrophigen hochdeutschen Gedicht "Zum Totensonntag 1922"[3] gibt sie ihrer eigenen Trauer über den Verlust des geliebten Bruders Ausdruck. Das Gedicht "Liebe Frieda, sei nicht bös" zeigt Mia Meyer von der ganz anderen Seite. Im Trubel einer Hochzeitsfeier hat sie das für Frieda reservierte Tortenstück vergessen, und jetzt lädt sie Frieda und ihren Mann Gustav Harms zu Kaffee und frisch gebackener Torte ein.[4]

Am Gründonnerstag 1923 schreibt sie das optimistische Liebesgedicht "Sonn' entgegen !"[5], in dem sie das Mägdelein auffordert, wie die Blumen immer nach der Sonne zu streben und anderen eine Führerin zum Licht zu werden.

"Es muß 'Sonn' entgegen!'
Stets dein Leitspruch sein,
Muß dir Freude tragen
Tief ins Herz hinein,
Freude zu dem Guten,
Schönen dieser Welt,
Wahre Treu u[nd] Liebe
Welche trägt u[nd] hält."

Am 23. November 1923 widmet sie ihrer Mutter einen Text zum Totensonntag. "Totensonntag ist es. Grau und dunkel ist der Himmel. Seine Tränenschleier hängen bis auf die Erde herab." Sie fragt angesichts dieses Weinens, ob das eigentlich im Sinne der Toten ist, was sie dann verneint: "Darum will ich zu Gott beten, daß er seine Sonne, seine goldene Siegsonne schicken möge, damit sie die Tränen trocknen mag.[6]

Offenbar in Vorbereitung ihrer für den Oktober 1925 geplanten Hochzeit und dem Wegzug aus Beverbeck sammelt Mia Meyer bisher entstandene Gedichte und Erzählungen und widmet sie ihrer Freundin aus Schulzeiten Frieda Harms im Mai 1925.[7]

> Dir, liebe Frieda,
> zum steten Angedenken!
> In herzlichem Gedenken
> Dein
> Marieschen Meyer.
>
> Beverbeck, Mai 1925.

Die Mappe enthält acht Erzählungen und neun Gedichte. Die Erzählungen mit Titeln wie „Das Mauerblümchen", „Wie das Glück aussieht", „Sommernachtstraum" oder „Wintermondenmärchen" sind Märchen, in denen schöne junge Prinzen das Aschenputtel erlösen, Engel das wahre stille Glück zeigen und sanfte Träume auf Reisen durch die Nacht begleiten. Es wird viel geträumt, geküsst und geweint in diesen Geschichten, die Stimmung schwankt zwischen Sehnsucht und Entsagung, und am Ende des Märchens „Von den heimlichen Kronen" bescheidet sie sich:

„Nur eins ist not zum Glücklichsein:
Den eignen Wünschen ganz entsagen
Und goldnen Himmelssonnenschein
Dem Liebsten in den Alltag tragen." [8]

Von ähnlicher Stimmung getragen zwischen himmelhoch jauchzend und zu Tode betrübt sind die Gedichte in dieser Mappe wie zum Beispiel das folgende „Sehnsucht":[9]

Sehnsucht.

Über dem dunklen schneeigen Walde
Silbern die Mondsichel schwebt.
In meinem Herzen zitternd die Sehnsucht
Märchen der Schwermut mir webt.
Schmerzenreichslieder, Liebesleidsweisen
Sehnsucht mir geiget u. singt.
Und eine Ahnung kommender Schwere
Bang meine Seele durchdringt.

Aber auch optimistische lebensbejahende Bilder gibt es durch Mia Meyers Neigung, aus der Natur positive Maßstäbe für das menschliche Verhalten abzuleiten. Das Gedicht „Wurzelfest" [10] ist solch ein Beispiel:

> *Wurzelfest.*
>
> Den Blumen gleich ist unser Leben
> Gar leicht zerknickt's der Wind.
> Doch kann's uns neue Blüten geben,
> Wenn wurzelfest wir sind.
> Darum wir in die Tiefen steigen!
> In Tiefen wohnt die Kraft.
> Und wurzeltiefe Seelen zweigen
> Lichtaufwärts – blumenhaft.

Auch die ersten in Plattdeutsch geschriebenen Erinnerungen an Mia Meyers eigene Kinderzeit in Beverbeck wie „Dat Malhör", „De erste Schouldag" und „Paetzmann" sind in dieser Sammlung enthalten. Diese übernimmt und ergänzt sie 1930 in Beeskow um weitere Schilderungen ihrer Kinderzeit in der Weihnachtsmappe "Een Mundvull Platt von düt und dat" für die Eltern in Beverbeck.[11]

Am 15. Oktober 1925 heiratet Mia Meyer standesamtlich und am 16. Oktober 1925 kirchlich in Bienenbüttel vor Pastor Haentzsche und zieht danach mit ihrem Mann Hermann Meyer nach Beeskow in der Mark Brandenburg, wo er eine Stelle als Regierungsbauinspektor beim dortigen Wasserwirtschaftsamt hat.[12] Die nächsten Texte ab 1926 entstehen bereits in Beeskow.

III. Mia Meyer im „Täglichen Kreisblatt für den Kreis Beeskow – Storkow"

In Beeskow hat Mia Meyer offenbar sehr schnell Kontakt zur örtlichen Tageszeitung „Tägliches Kreisblatt" für den Kreis Beeskow – Storkow" gefunden, denn bereits Mitte April 1926 erscheint dort ihr Gedicht „Frühling"[1], und von da an ist sie fast regelmäßig mit insgesamt siebenunddreißig Gedichten und einer Erzählungen bis Jahresende in dieser Zeitung.

Sie beginnt ihre literarische Arbeit in Beeskow 1926 mit diesem vor Optimismus und Freude strahlenden Gedicht – während es in Gedichten in Beverbeck noch sorgenvoll hieß: „Und eine Ahnung kommender Schwere bang meine Seele durchdringt."

Frühling.

Kam der junge Lenz gegangen,
Blütenkranz im goldnen Haar,
Purpurrosen auf den Wangen,
Augen hell und sonnenklar.

Streute aus mit vollen Händen
Blütenflocken, junges Grün.
Sprach: „Das Blühen soll nicht enden
Bis ich werd' von dannen ziehn."

Froher alle Quellen rauschten.
Goldner war der Sonnenglanz.
Glückbewegt die Winde rauschten,
Spielten auf zum Maientanz.

Spielten auch auf meinen Saiten
Wundersame Melodein.
Und in frühlings-jungem Schreiten
Tanzt' ich in den Lenz hinein.

M. M.

Es sind überwiegend Gedichte im Rhythmus der Jahreszeiten: der Aufbruch der Natur im Frühling, die Blumen des Sommers, der Herbst mit Ernte, Sturm und Nebel und der Winter mit Frost und Schnee. Eingebettet darin sind dann die Gedichte zu den christlichen Feiertagen wie Ostern, Pfingsten, Erntedank, Advent und Weihnachten sowie zum Jahresende. Zu Weihnachten schmückt ihr Gedicht "Es grünet die Tanne ..." die Titelseite der Zeitung.[2]

Und in der Beilage der gleichen Ausgabe folgen noch von ihr die Erzählung "Klein Lotti und die Schneeflocke"[3] sowie das Weihnachtsgedicht "Heilige Nacht"[4], in dem sie ihre tiefe religiöse Überzeugung ausdrückt.

Heilige Nacht.

Weihevolle heil'ge Nacht.
Weiche Flocken fallen sacht,
Hüllen keusch und weiß und rein
Uns're sünd'ge Erde ein.

Lieder klingen in der Fern',
Sagen dank dem güt'gen Herrn,
Der in jener, heil'gen Nacht
Uns das ew'ge Licht gebracht,

Der vom hohen Himmelsthron
Sandte seinen einz'gen Sohn
Auf die liebesarme Erd',
Daß sie liebeswarm nun werd'.

Und noch heut' nach manchem Jahr
Freuet sich die Christenschar
Jener weihevollen Nacht,
Da dies Wunder ward vollbracht.

Auch mein Herz ist froh und still,
Kann nicht sagen was es will,
Kann nur danken warm und tief,
Dem nur folgen, welcher rief:

„Komm, o komm, du Menschenkind,
Komm nach Bethlehem geschwind!
Schau dir an das Krippelein
Mit dem Jesuskindelein." — —

Weihevolle heil'ge Nacht,
Wunder hast du mir gebracht,
Wunder, licht und lieb und fein,
Weiß wie Schnee, so keusch und rein.   M. M.

Mia Meyer schildert die Natur nicht um ihrer selbst willen, sondern die Natur ist für sie oftmals eine Spiegelung eigener seelischer Empfindungen: die Liebe des Frühlings, das Glück des Sommers, die Sorgen und die Einsamkeit des Herbstes wie im folgenden Gedicht, das am 3. November 1926 erschienen ist:[5]

Nebelgraue Tage.

Nebelgraue Tage,
Bang und schwermutsvoll.
Tief im Herzen trage
Ich so dumpfen Groll.

Euer ernstes Schweigen
Jede Hoffnung raubt.
Auch die Bäume neigen
Schmerzbewegt das Haupt.

Von den dunklen Fichten
Trän' um Träne rinnt.
Sommertagsgeschichten
Längst vergessen sind.

Und selbst von den Sternen
Dringt kein Licht herab.
's bleibt in blauen Fernen. —
Gähnt dort nicht ein Grab?

M. M.

Dazwischen streut Mia Meyer von Beginn an immer wieder kleine Lebensweisheiten, die Mut machen und auch die kleinen Freuden des Alltags ins rechte Licht rücken sollen. So heißt es im September 1926 im Gedicht "Kleine Freuden"[6]

Kleine Freuden.

An kleinen Dingen Freude haben,
Denn große bringt nicht jeder Tag.
Zufrieden sein mit kleinen Gaben.
Ist's das, was mir noch fehlen mag?
Ja, das ist's wohl. Nach großen Freuden
Begehrte immerfort mein Sinn.
Und daß ich mich nicht wollt' bescheiden,
Das macht's, daß ich nicht glücklich bin.

M. M.

Und eine Woche später erklärt sie an gleicher Stelle, was ihrer Meinung nach Lebenskunst ist:[7]

Lebenskunst.

Mit beiden Füßen fest im Leben stehen!
Dem Schicksal frohen Muts entgegensehen!
Das Gute stets vom Bösen unterscheiden!
Verzagen nicht im allergrößten Leiden!
Dem Wollen das Vollbringen folgen lassen!
Ist Lebenskunst, ist Zweck und Ziel erfassen.   M. M.

An Silvester 1926 dankt eine offenbar glückliche und zufriedene Mia Meyer in dem langen Gedicht "Jahresende"[8] dem jetzt endenden Jahr für das Glück der vier Jahreszeiten, die sie erleben durfte. Insbesondere den Sommer hat sie in ihrer neuen Heimat anscheinend sehr genossen, denn er:

> *„... Streute Lilien, rote Rosen,*
> *Und Vergißmeinnichten aus.*
> *Sang von süßem Liebeskosen*
> *In Palästen, Hütt' und Haus.*
>
> *Als er mir sein Lied gesungen,*
> *Mit so jubelhellem Sinn*
> *Tanzend in das Glück gesprungen*
> *Ich mit meinem Liebsten bin. – ..."*

Im Jahr 1927 bringt das "Tägliche Kreisblatt" einundvierzig Gedichte und sechs Erzählungen von Mia Meyer über das ganze Jahr verteilt vom 3. Januar bis zum 29. Dezember – so viele Texte innerhalb eines Jahres sollten von ihr in Beeskow nie mehr erscheinen. Es sind nicht immer Texte, die erst in Beeskow entstanden sind, sondern Mia Meyer greift, wie auch schon 1926, jetzt auch wieder auf Texte aus der Beverbecker Zeit zurück.

So stammt die Erzählung "Wintermondenmärchen"[9], die am 8. Januar 1927 in der Beilage des "Täglichen Kreisblatts" erscheint, bereits aus den

Beverbecker Texten, die sie ihrer Freundin Frieda Kruse gewidmet hatte. Gleiches gilt auch für die Erzählung "Wie das Glück aussieht"[10] in der Beilage der Pfingstausgabe des "Täglichen Kreisblatts" und für die Erzählung "Sommernachtstraum"[11], ebenfalls in der Beilage des "Täglichen Kreisblatts" vom 13. August 1927.

Sie beginnt das neue Jahr mit einer Betrachtung der frosterstarrten Natur, aus der scheinbar alles Leben entwichen ist, was sie aber nicht ängstigt, denn sie weiß um den Kreislauf der Natur und tröstet den frierenden *"Birkenbaum zur Winterszeit"*:

> *"...Einst kehrt der holde Lenz zurück,*
> *Bringt Sonnenschein und Lieder*
> *Und Rosenduft und Hochzeitsglück*
> *Im Schleierkleid dir wieder."* [12]

Auch wenn sie im kalten Wintermorgen ein Symbol allen Lebens sieht, das auch sie einmal im Winterhauch erstarren lassen wird, noch fließt warmes Blut durch ihre Adern und entspringt ihrem Herzen ein Reis neuer Kraft:[13]

Wintermorgen.

Hartgefroren ist die Erde.
Reifbekränzt ist jeder Pfad.
Rotes Morgenleuchten glitzert
Ueber frosterstarrter Saat.

Alle frohen Meisenlieder
Sind beim ersten Ton erstarrt.
Echoweckend klingt der Hufschlag
Unmelodisch rauh und hart.

Blumeneis vor meinem Fenster
Mahnt voll Mitleid: du wirst auch
Bald erstarren von dem kalten
Reifgeperlten Winterhauch.

Doch ich lache. Durch die Adern
Lebenswarmes Blut mir fließt.
Und ich fühl es, meinem Herzen
Froh ein Reis der Kraft entsprießt.   M. M.

Am 21. März 1927 lässt Mia Meyer dann im Täglichen Kreisblatt den alten Weidenbaum durch den Lenzwind wach küssen,

> *"... Bis Sehnsucht seine Knospen sprengt*
> *Und um sein winterkahles Kleid*
> *Anmutig dicht an dicht gedrängt*
> *Bald Kätzchen sich an Kätzchen reiht..."*[14]

Den kirchlichen Feiertagen wie der Konfirmation am Palmsonntag, dem Tod Christi am Karfreitag und seiner Auferstehung an Ostern sowie Pfingsten widmet Mia Meyer jeweils Gedichte, wobei hier als besonders schönes Beispiel einer Verbindung von Naturbeobachtung und tiefer Religiosität das Oster-Gedicht angeführt werden soll.[15]

Ostern.

Junge Blumenglocken läuten
Froh den Ostermorgen ein
Und die Vogelchöre schmettern
Jubelhymnen zwischendrein.

Mutter Sonne selbst, die Alte,
Tanzt vor Freuden auf und ab,
Weil das jauchzend helle Leben
Sprengte kühn das dunkle Grab.

Aus den hohen Kirchenhallen
Klingt es jubelnd: Unser Herr
Ist erstanden von den Toten.
Gebet unserm Gott die Ehr'!

Auferstanden! Auferstanden!
Singt und klingt es fern und nah.
Leben hat den Tod bezwungen.
Ostern! Sieg! Viktoria!

Und was still noch in der Hülle
Einer dunklen Knospe lag,
Hört es, sprengt sie und es feiert
Seinen Auferstehungstag.

Neues Wunder, neues Leben
Regt in jedem Wesen sich.
Ostern ist es, frohe Ostern,
Menschenseele auch für dich.

M. M.

Sie engagiert sich inzwischen in der Frauenhilfe der Evangelischen Kirche in Beeskow, wovon ihr langes Grußwort zeugt, das auf dem "Fest der Frauenhülfe in Beeskow" im Juni 1927 vorgetragen und im "Täglichen Kreisblatt" auf vielfachen Wunsch am 21. Juni 1927 noch einmal gedruckt wird.[16] Und auch die neue Feuerwehrschule des Brandenburgischen Feuerwehrverbandes im Schloss Bahrensdorf wird im Juli 1927 nicht ohne einen Prolog Mia Meyers eröffnet.[17]

> Des Feuers Glut zu löschen,
> Wenn es vernichtend zehrt,
> Wenn es den lieben Nächsten
> Vertreibt von Haus und Herd,
> Ist edles Tun und Streben,
> Ist rechter Brudergeist.
> Und dieser Dienst am Volke
> Auf andre Ziele weist:
> Den Leib gesund erhalten,
> Die Seele frei und groß. —
> O möge dies gelingen
> Im Bahrensdorfer Schloß!

Sie ist in Beeskow offenbar 1927 angekommen und anerkannt als Heimatdichterin, mit der man sich bei passender Gelegenheit schmückt.

Aber Mia Meyer spricht auch ernste Fragen des Lebens und Sterbens in ihren Gedichten an und beginnt das Jahr 1927 mit dem Gedicht „Feierabend": [18]

Feierabend.

Hinter bunten Blumenstöcken
Sitzt das alte Mütterlein.
Händefaltend träumt es lächelnd
In das Abendrot hinein.

Müde geht der Tag zur Rüste.
Sonnenball ins Meer sich senkt.
„Auch mein Tag hat sich geneiget,"
Dankbewegt die Alte denkt.

Kindheitsjubel, Lebensmorgen,
Werkeltag und Lebensmai
Ziehn erinn'rungswarm sie grüßend
Einmal noch an ihr vorbei.

„Feierabend ist es worden.
Und es ist genug, o Gott!"
Murmeln ihre blassen Lippen. —
Fern verglüht das Abendrot.

Dämmerschleier schweben nieder.
's Mütterlein geht still zur Ruh'.
Leise kommt der Tod gegangen
Und schließt ihm die Augen zu.   M. M.

Der Tagesablauf als Sinnbild für den Lauf des Lebens mit schönen Erinnerungen an Kindheitsjubel, Lebensmorgen, Werktage und Lebensmai und Dank für den Feierabend hinter bunten Blumenstöcken, der zugleich auch der Lebensabend ist. In "Zeit und Ewigkeit"[19] wiederholt sie einen Monat später dieses Thema: über Kindheitsmorgenrot, frohe Mittagszeit und Lebensmüdigkeit eilt die Zeit mit den Menschen in dunkle Nacht, Tod und in die Ewigkeit. Und eine Woche später erscheint an gleicher Stelle von ihr das Gedicht "Das Mahnen meiner Ahnen",[20] das ebenfalls von der Endlichkeit menschlichen Lebens handelt und von der Verpflichtung der Lebenden, das Werk der Ahnen zu vollenden.

„ ... Ich weiß, daß meinem Leben,
wenn recht ich wirken will,
Ist wenig Zeit gegeben.
Und dennoch, dennoch will
Ich Lieb um Liebe spenden,

Weil Liebe Leben ist.
Die Liebe soll nicht enden
In meines Daseins Frist.
Denn meine Ahnen mahnen:
Wir haben viel geliebt,
Doch unsre lichten Bahnen
Hat einzig nur getrübt,
Daß wir in unserm Leben
Noch hätten viel, viel mehr
An Liebe müssen geben. -
Jetzt können wirs nicht mehr."

Es sind erstaunliche Einsichten für eine junge Frau von dreiunddreißig Jahren, die seit gerade zwei Jahren verheiratet ist und sich in Beeskow ein neues Heim geschaffen hat.

Ob persönliche Krisen, Krankheiten oder Enttäuschungen der Anlass dafür sind, bleibt Spekulation. Vielleicht ist aber auch nur Heimweh nach Beverbeck die Ursache der depressiven Stimmung im Frühjahr 1927. Wie eine Erlösung und Überwindung dieser Krise klingt Ende August 1927 das Gedicht "Heimatkraft".[21]

Heimatkraft.

Ein Mensch, der keine Heimat hat,
Ist wie ein windverwehtes Blatt,
Ist wie ein zartes schwankes Rohr,
Das wurzelschwach den Halt verlor.

Doch wenn ihm Gott die Liebe schenkt
Und seine Wurzelfasern senkt
In ihren Glaubensgrund hinein,
Wird nicht mehr heimatlos er sein.

Weil voll Vertrauen mit ihm geht
Ein einz'ger Mensch, der ihn versteht,
Empfängt er neue Heimatkraft,
Die Großes wirkt und Gutes schafft.

Nicht mehr ein windverwehtes Blatt,
Das weder Rast noch Ruhe hat:
Ein starker Baum, der wurzelfest
Von keinem Sturm sich knicken läßt.   M. M.

Sie wendet sich wieder ähnlich wie in Beverbeck der dörflichen Natur in ihrer Umgebung zu und sucht dort inneren Frieden. Statt düsterer Gedanken zum Totensonntag wie in den Vorjahren beobachtet sie Ende Oktober 1927 die Stille und Harmonie vom "Herbsttag am Dorfsee"[22]

Herbsttag am Dorfsee.

Wo sich dehnt der grüne Anger
Und des Dorfes Gänse weiden,
Wo die herbstesgoldnen Pappeln
Reden von Vergehn und Scheiden,
Liegt der See in tiefstem Frieden.
Und das Schilfrohr singt ihm leise —
Wie die Mutter ihrem Kinde —
Eine süße Schlummerweise.

Seine unbewegte Fläche
Strahlt des Himmels Bläue wider
Und die zarten Federwolken
Mit dem daunigen Gefieder,
Bis den Spiegel bunte Enten
Rudernd zu zerstören wagen,
Daß die Wellenringe plaudernd
An das grüne Ufer schlagen.

Doch die Enten gehn nach Hause.
Und es glätten sich die Wellen.
Stille. Nur vom Dorf herüber
Klingt verwehtes Hundebellen.
Tiefer Frieden. Und des Herbstes
Schönste Feen dem See entsteigen.
Stumm vor Glück die plapperfrohen
Pappeln selbst ein Weilchen schweigen.   M. M.

Aber die Harmonie währt nicht lange. Statt eines Weihnachtsgedichts spricht sie in Ich-Form wenige Tage vor Heiligabend im Gedicht "Ewig"[22a] davon, dass über den Sternen geschrieben stehe, einzig die Ewigkeit mache die Seelen frei und rein, wenn auch der Leib vergehen mag. Nur der Glaube an die Ewigkeit erlöse sie von Furcht und Zagen und gebe ihr die Gewissheit, dass sie im Tode nicht verlassen sei.

Statt eines Gedichts zum Abschied des alten oder zur Begrüßung des neuen Jahres steht Ende 1927 ein recht pessimistisches Gedicht über die menschlichen Schwächen und die vage Hoffnung, durch Erkenntnistiefe und Durchquerung der Reuetäler eine neue Belebung des Aufwärtsstrebens zu erleben. [23]

Es gibt Tage . . . .

Es gibt Tage, wo an gar nichts
Reine Freud' wir können haben,
Tage, wo im Griesgram möchten
Herz und Sinne wir begraben,
Wo des Unmuts Nebelschleier
Jeden Sonnenfunken trüben
Und wir die am meisten quälen,
Die wir doch am tiefsten lieben.

Solche nörgelgrauen Tage,
Solche liebesarmen Stunden
Zeigen, daß wir schwache Geister,
Höhenfern und erdgebunden,
Daß wir mit den Seelenwurzeln
Noch in dunklen Tiefen leben
Und nur, wenn's Geschick uns gnädig,
Uns zum Höhenflug erheben.

Bitterweh ist das Erkennen
Dieser Schwäche, dieser Kleinheit.
Aber nur Erkenntnistiefe
Bringt uns Größe, Kraft und Reinheit
Ueber Tiefen nur und Schluchten
Führt der Weg zum Höhenleben.
Wohl uns, wenn durch Reuetäler
Neubelebt wir aufwärts streben.

M. M.

Für eine Schaffenskrise im Leben Mia Meyers spricht, dass sie sich im Jahr 1928 im "Täglichen Kreisblatt" sehr rar macht: gerade mal drei Gedichte im April und Mai und nochmals drei Gedichte im August erscheinen dort, darunter als Trost für die kleinen Leute "Warum Sperlinge nicht sparen":[24]

Warum Sperlinge nicht sparen

Herr Jochen Spatz sitzt vor der Tür
Und schaut ins Wetter raus
Bis seine Frau Amalia
Vom Markte kommt nach Haus.

Dann streicht er seinen Knebelbart
Und spricht: „Mein Liebchen, hör',
Die Wirtschaft, welche jetzt du führst,
Geht nun und nimmermehr.

Wir müssen sparen, wo es geht.
Du weißt, der Doktor Star,
Der jetzt ein gutes halbes Jahr
Im schönen Süden war,

Kommt in der nächsten Zeit zurück.
Und wisse, eins, zwei, drei
Wird sprechen er: Herr Jochen Spatz,
Macht schnell die Wohnung frei!

Was hilft das lange Sträuben uns?
Du weißt, daß vor'ges Jahr
Trotz unserer großen Wohnungsnot
Nichts auszurichten war.

Die Nachbarsleute allesamt
Und auch die Polizei
Stehn — zapperlot und schwerenot! —
Dem reichen Doktor bei.

Wir armen Leute müssen dann
Auf Wohnungssuche gehn
Und hier und dort im Schweinestall
Um dürftig Obdach flehn.

Und finden wir ein kleines Nest,
Muß gleich der Tischler her,
Denn ohne Bett und Wiege geht
Bei uns es doch nicht mehr.

Das kostet Geld und wieder Geld.
Drum ist es an der Zeit,
Zu sparen, wo und wie es geht.
Nicht wahr, du bist gescheit?"

„Ach Mann, du bist ein Pessimist
Und sorgst dich ohne Not.
Wir beide finden ohne Geld
Wohl unser täglich Brot.

Denn die paar Pfennig Miete sind
Ja nicht der Rede wert,

Weil uns der Frühling Speis' und Trank
Im Uebermaß beschert.

Ei, junge Erbsen und Salat!
Und Kirschen rot und schön!
Das ist 'ne Lust. Juchhei, juchhei!
Wem könnt es besser gehn?

Nun mach' ein freundliches Gesicht,
Mein allerliebster Schatz,
Und brüste dich. Der klügste Mann
Bist du, der Jochen Spatz.

Du erntest, wo du nicht gesät,
Wohnst winterslang im Schloß,
Und in dem luft'gen Sommerheim
Machst du die Kinder groß,

Weil erstens es gesünder ist
Und feiner Leute Brauch
Und zweitens, weil viel näher doch
Der Nachbarsgarten auch."

Amalchen schweigt. Ihr Herr Gemahl
Streicht lächelnd seinen Bart:
„Recht hast du. Es hat keinen Zweck,
Daß unsereiner spart."

Es ist zwar das letzte Jahr der berühmten "Goldenen Zwanziger" der Weimarer Republik, aber Armut und Wohnungsnot sind auch in diesen Jahren des Wirtschaftswachstums und der relativen politischen Stabilität in Deutschland ein drängendes Problem. Wenn es dafür anscheinend keine Lösung gibt, ist es vielleicht ein kleiner und auch christlicher Trost für die Betroffenen, dass es irgendwie schon weitergehen wird.

Der einzige christliche Feiertag, der in diesem Jahr von Mia Meyer mit einem Gedicht gewürdigt wird, ist Pfingsten. Am 26. Mai 1928 erscheint von ihr im "Täglichen Kreisblatt" das entsprechende Gedicht.[25]

Pfingsten.

Mit den roten Morgenwolken
Steigt hernieder auf die Erde
Gottes Geist, der große gute,
Daß es frohe Pfingsten werde.

Seinem goldnen Licht entgegen
Dehnen wir uns mit Verlangen,
Um den holden Friedensboten
Froh und gläubig zu empfangen.

Junge Quellen sprudeln heiter,
Wollen jauchzend ihn begrüßen.
Tausend bunte Blumenkinder
Möchten ihm zu Füßen sprießen.

In den blühenden Kastanien
Vögelchöre jubilieren.
Und mit maiengrünen Birken
Schmücken Fenster wir und Türen.

Aber wird er Einkehr halten?
Bringt er Freude mit und Segen?
Wird Geleite er uns geben
Auf verstaubten Wanderwegen?

Doch wir wollen nicht mehr fragen.
Glauben wollen wir, nur glauben.
Pfingsten! Pfingsten! Und kein Zweifel
Soll uns seinen Segen rauben.   M. M.

Mitten im Sommer schreibt sie ein recht deprimierendes Abendgebet, in dem sie sich selbst als verirrtes Kind bezeichnet, das den Weg durch die Schluchtentiefen nicht mehr findet.[26]

Abendgebet.

Bebend falte ich die Hände,
Weil die Nacht herniedersteigt
Und die Sonne, lichtzerschleudernd,
Scheidend sich vor ihr verneigt,
Weil die goldverbrämten Wolken
Drohn am Horizont empor
Und weil meine Sehnsucht ihre
Silberflügel drob verlor.

Güt'ger segne und beschirme
Mich wie ein verirrtes Kind,
Das den Weg durch Schluchtentiefen
Angstschauernd nimmer find't.
Führe mich mit treuen Händen
Durch die träumebange Nacht,
Bis die junge Morgensonne
Einem neuen Tage lacht.

M. M.

Das Jahr 1929 begrüßt Mia Meyer mit einer Naturbeobachtung vom „Wintersturm",[27] der sich im Moment noch als Herr der Erde wild gebärdet, obwohl er weiß, dass bald die Kraft der Sonne die blauen Veilchen und die grünen Birken wieder hervorlocken wird. Insgesamt dreizehn Gedichte erscheinen von ihr im „Täglichen Kreisblatt", davon sind die meisten Naturbeobachtungen. Selbst an Ostern und Pfingsten ist es die Natur, die wieder auferstanden ist und wo der Himmel die Erde warm umschlungen hält als ein Sinnbild der göttlichen Kraft.[28]

Eine recht realistische und zugleich unheimliche Schilderung der Beeskow umgebenden Sumpflandschaft im Urstromtal der Spree gibt sie im Gedicht „Frühlingsabend im Luch"[29] im Mai 1929 und im August in „Abend im Moor":[30]

Frühlingsabend im Luch.

Schwer sinkt die Nacht vom Himmelsdom hernieder.
Verklungen sind die letzten Drosellieder.
Des Mondes Sichel geistert hinter Bäumen,
Die groß und ernst das schwarze Luch besäumen.

Der alten Eule dumpfer Weheklagen
Klingt waldherüber wie ein banges Fragen.
Die Bekassinen meckern. Unken höhnen.
Die Frösche quarren. Alte Weiden stöhnen.

Unheimlich gurgelt's in den Gräbertiefen,
Die schmutzigtrüb den Frühlingstag verschliefen.
Den Rain entlang sperr'n ihre dunklen Rachen
Begierig auf die schwarzen Wasserlachen.

In düsterdichten Erlenkuscheln raunen
Die Nachtkobolde und Gespensterfaunen
Von Tod und Liebe, von verborg'nen Schätzen,
Indessen Nebelfrau'n vorüberhetzen.

M. M.

Im Sommer 1929 erlebt und genießt sie ihr „Sommerglück":[31]

Sommerglück.

Es wiegen und wogen die Aehren,
Die Rosen ersterben in Duft.
Ihr süßer berauschender Atem
  Durchzittert die flimmernde Luft.

Der Mittag streut Gold auf die Wege,
Die Sonne schaut lächelnd ihm zu.
Es betten die uralten Bäume
Die säuselnden Winde zur Ruh.

Mein Herz ist vom Glück dieses Tages
Mit klingenden Liedern erfüllt,
Und all meine schmerzlichsten Wünsche
Hat Sonne und Sommer gestillt.

M. M.

Mit friedlichen und fröhlichen Gedanken geht für Mia Meyer das Jahr der beginnenden Weltwirtschaftskrise zu Ende. In der „Adventszeit" lässt sie einen Engel auf die Erde hernieder schweben und diese segnen, womit die Dunkelheit und die Nebelschatten weichen, und die vom Engel entzündeten Kerzen strahlen in den Herzen der Menschen.[32]

> *„... Da schwebt ein lichter Engel*
> *Mit segnender Gebärde*
> *Auf ersten weißen Flocken*
> *Hernieder auf die Erde.*
>
> *Das Dunkel wird zur Helle.*
> *Die Nebelschatten weichen.*
> *Die Menschen nun einander*
> *Erfreut die Hände reichen.*
>
> *Advent, Advent ist kommen.*
> *Es strahlen seine Kerzen.*
> *Der Engel hat entzündet*
> *Sie in den Menschenherzen."*

Mit dem Bild vom müden Greis in zerrissenen Wanderschuhen, der dem jungen blonden Knaben Platz macht, welcher hoffentlich als neues Jahr ein neues Glück bescheren wird, geht ein für Mia Meyer offensichtlich gutes Jahr 1929 zu Ende.[33]

Silvestergedanken.

Ein Atemzug der Ewigkeit
Streift ahnungsschwer die Erde.
Das alte Jahr sinkt in das Grab,
Damit ein neues werde.

Vom Turme mahnt es: Mitternacht!
Wir falten still die Hände
Und beugen uns in heil'ger Scheu
Der ernsten Zeitenwende.

Ein müder Greis im Pilgerkleid —
Zerriss'ne Wanderschuhe —
So geht das liebe alte Jahr
Ins Land der ew'gen Ruhe.

Ein blonder Bub' mit heller Stirn
Barfüßig kommt geschritten.
Er lacht uns an und winkt uns zu
Und tritt in uns're Mitten.

Wehmut um das vergang'ne Leid
Sich mit der Hoffnung paaret,
Daß dieses Kind, das neue Jahr,
Ein neues Glück bewahret.   M. M.

Wirtschaftlich aber war 1929 das Jahr des Börsen-Crashs am „Schwarzen Freitag" im Oktober in New York und der Beginn der Weltwirtschaftskrise gewesen. Schon seit 1928 hatten die USA sich mit Krediten und Investitionen in Deutschland zurückgehalten, was hier die Zahl der Arbeitslosen im Januar 1929 auf 2,85 Millionen trieb und die Marke von 3 Millionen im Januar 1930 mit mehr als 3,2 Millionen überstieg – keine besonders rosigen Aussichten für das neue Jahrzehnt.

Die davon ausgehende soziale und politische Bedrohung spürt offensichtlich auch Mia Meyer, und so beginnt sie das Jahr 1930 im „Täglichen Kreisblatt" im Februar mit einem Gedicht über „Schlaflose Nächte".[34]

Schlaflose Nächte.

In schlaflosen Nächten, wenn alles so stumm,
Gehn wilde Gedanken wie Wehrwölfe um.
Sie stürmen und jagen und drängen so heiß
Mit fletschenden Zähnen in Angst dich und Schweiß.

Und hast du in Aengsten und Sorgen verbracht,
Die lange, die bange, die schlaflose Nacht,
Gibt Trost dir am Morgen das göttliche Licht,
Das sieghaft das nächtliche Dunkel durchbricht.   M. M.

Insgesamt acht Gedichte veröffentlicht sie 1930 im „Täglichen Kreisblatt". Es fällt auf, dass darunter kein einziges religiöses Gedicht zu den christlichen Feiertagen ist, aber sechs Gedichte zu Naturbeobachtungen und zwei Gedichte zu psychischen Problemen wie „Schlaflose Nächte" oder wie das folgende „Wanderlied" vom Juli 1930.[35]

Wanderlied.

Brüder, Schwestern, laßt uns wandern
Sorgenlos durch Tal und Höhn.
Einer freut sich mit dem andern.
O, wie ist die Welt so schön!

In beengtem Raum regieren
Eigensucht und Nörgelei.
Kommt, ich will hinaus euch führen!
Kommt, die Weite macht uns frei!

Wo die grünen Wälder rauschen,
Dort vergißt man alle Not.
Ach, den Meereswellen lauschen,
Wenn verglüht das Abendrot!

Nichts soll unsre Freude trüben.
Heute woll'n wir fröhlich sein.
Alle, alles woll'n wir lieben:
Regen, Sturm und Sonnenschein.   M. M.

Es klingt ein wenig wie das Pfeifen im Walde, um sich selber und den anderen Mut zu machen, dass es trotz aller bedrohlichen Umstände wie Eigensucht, Nörgelei und Not doch gar nicht so schlimm ist, wenn man nur die schöne Natur betrachtet und sich einer mit dem anderen daran erfreut.

Sie genießt den Sommer und findet auch dort wieder ihr Glück in der wunderschönen Natur.[36]

Sommermorgen.

Mit bloßen Füßen wandert er
Durch Wiesen, Wald und Felder.
Hier wogt und wiegt das Aehrenmeer.
Dort segnen ihn die Wälder.

Die Lerche jauchzt im Himmelblau.
Die Sonne tanzt vor Freude.
Sie spiegelt sich im Perlentau
An Gras und Halm und Heide.

Laßt uns dem Tag entgegen gehn,
Ihn morgenfroh begrüßen!
Wie ist er doch so wunderschön!
Laßt uns dies Glück genießen!

M. M.

Von der gleichen Stimmung geprägt ist auch der „Sommerabend"[37] vom August 1930.

Sommerabend.

Der Himmel glüht. Der Wolkenrand
Schmückt sich mit goldnen Säumen.
Es sinkt herab ein blaues Band.
Die Welt ist reif zum Träumen.

Noch einmal übt der Vögelchor.
Die Abendglocken klingen.
Im Osten klimmt der Mond empor.
Duft liegt auf allen Dingen.

Wir beide gehen Hand in Hand
Noch einmal durch den Garten.
Sind wir nicht schon im Märchenland,
Auf das die andern warten?

M. M.

Harmonisch gehen sie und ihr Mann Hand in Hand durch ihre kleine Welt – ihr Garten als ihr Märchenland, worauf andere noch warten.

Im „Oktobertag"[38] rüstet sich die Natur zum Sterben und zur Vorbereitung auf den Winter.

Oktobertag.

Sturmwogen brausen durch den Wald.
Die Wolken sind vom Regen schwer.
Vom Baume wirbelt Blatt um Blatt
Und irret aufgeregt umher.

Zum Sterben rüstet die Natur.
Die Felder sind so grau und kahl.
Kartoffelfeuer schweben trüb'.
Rauchschwaden flattern durch das Tal.

Die Krähen krächzen schrill und rauh.
Sie sammeln sich am Waldesrand.
Ob sie beraten, was zu tun,
Wenn bald der Winter zieht ins Land?

Doch sieh, ein heller Sonnenblick!
Das junge Saatfeld leuchtet auf.
In anderm Licht erscheint die Welt,
Die Zukunft nun. Bergab — bergauf! M. M.

Sie tröstet sich angesichts dieser sterbenden Natur mit dem Ausblick auf einen Sonnenstrahl und ein junges Saatfeld – so geht es nun einmal in der Natur wie auch im Leben - immer bergauf und bergab. Aber der Wintersturm kommt noch schlimmer, und da hilft dann nur noch die Hoffnung auf das bevorstehende Weihnachtsfest, das hier übrigens nicht einmal erwähnt wird. Statt des sonst üblichen Weihnachtsgedichts erscheint 1930 nur ein kurzer Zehnzeiler „Noch ein paar kurze Tage"[39].

Noch ein paar kurze Tage.

Es orgelt, brüllt und heult der Sturm.
Die Wetterfahne kreischt vom Turm
In hoffnungsloser Klage.
Mir ist so bang. — — Doch siehe gar:
Ein Tannenzweig! Und Engelshaar!
Noch ein paar kurze Tage,
Dann bricht mit hellem Kerzenschein
Das allerschönste Fest herein.
Noch ein paar kurze Tage! M. M.

Das Jahr 1930 bringt bei den Wahlen im September der NSDAP ihren ersten großen Erfolg: Sie wird nach der SPD zweitstärkste Partei mit 18,3 % der Stimmen und 107 Sitzen im Reichstag. Die Zahl der registrierten Arbeitslosen steigt bis Januar 1931 auf 4,9 Millionen und bis Januar 1932 auf über 6 Millionen – wobei noch jeweils etwa 1 bis 2,5 Millionen nichtregistrierte Arbeitslose hinzukommen.[40]

Ob die sich abzeichnende wirtschaftliche und politische Krise Mia Meyer zunächst zum Schweigen bringt oder ob es andere Gründe sind, ist unbekannt. Auf jeden Fall erscheinen von ihr 1931 im „Täglichen Kreisblatt" nur zwei Frühlingsgedichte, darunter die bilderreiche Schilderung des Frühlings am Scharmützelsee.[41]

Frühling am Märkischen Meer.

Scharmützelsee. Ein leichtgewellter Spiegel
Die Wolkenstreifen werfen Schatten drauf.
Frau Sonne drückt ihr glutentiefes Siegel
Mit leichtem Kuß den flinken Wellen auf.

Sie blinken auf, und trinken's voller Freude,
Und tragen's tänzelnd bis ans grüne Land.
Dort plaudern sie ein Weilchen mit der Weide
Von Lenz und Sonne und von Meer und Sand.

Und dicht daneben in der grünen Krone
Der schlanken Lärche sich die Amsel wiegt.
Sie singt ein Lied sich selbst zu Lust und Lohne
Vom Junker Frühling der da kommt und siegt.

Der Platz am Stein. Verwittert ist der Alte
Der graue Findling — Zeuge harter Zeit.
Und huscht nicht doch um die durchfurchte Falte
Der hohen Stirn ein Lächeln das befreit?

Still blaut der See, wie seine tiefsten Träume.
Und lächelnd gibt er ein Geheimnis kund.
Die knorrig-alten, jungbelaubten Bäume
Verkünden's weiter in der ganzen Rund:

Der junge Frühling hat uns heut gesegnet
Uns alle am und im Scharmützelsee.
Drum kommt herbei! Und wenn ihr ihm begegnet
Wird Blütenschnee das allertiefste Weh.

M. M.

Mia Meyer kannte offenbar ihren Fontane, den ewigen Wanderer durch die Mark Brandenburg. Bei einem Besuch am Scharmützelsee Ostern 1881 nannte Theodor Fontane das große stille Gewässer „Märkisches Meer" – vielleicht, weil er es so erlebte: „Oft hielt ich an, um zu horchen, aber die Stille blieb, und ich hörte nichts, als den Windzug in den Binsen und das leise Klatschen der Wellen." [42]

Im Frühjahr 1932 erscheint von Mia Meyer nur ein einziges Gedicht zu Ostern. Es ist wieder eine Verbindung von Naturbeobachtung und Religiosität. Die Auferstehung der Natur im Frühling ist Symbol für die Auferstehung Christi an Ostern, auch wenn die Schlussworte mit der Verbindung von Sieg, Leben und Ostern heute etwas ungewohnt klingen. [43]

Ostermorgen.

Der Morgenwind erzählt's der Birke.
Sie lauscht und lächelt hocherfreut.
Und nun verkündet sie es allen:
„Wir feiern Auferstehung heut'."

Der Sonne sagt sie 's und der Lerche,
Dem Dornbusch und dem Tausendschön,
Dem Kiebitzpaar, dem Wanderburschen.
„Hei! Ostern! Ostern! Auferstehn!"

Den weißen Wolken läßt sie's sagen
Von ihrem Freund, dem Morgenwind,
Daß sie die frohe Kunde tragen
Wohl über Land und Meer geschwind.

Und ruht nicht, bis es alle wissen –
Ob Groß, ob Klein, ob Arm, ob Reich –
Und bis sie alle mit ihr jubeln:
„Sieg! Ostern! Leben! Freuet Euch!"

M. M.

Erst im November und Dezember folgen wieder Veröffentlichungen, darunter erstmalig auch politische Gedichte. Im Gedicht „Zwei Wege" [44] fordert sie den Wanderer auf, sich für einen der beiden Wege zu entscheiden: entweder die staubige Straße im nebligen Tal oder der blumenumkränzte Waldpfad zu sonnenumglänzten Höhen.

„ ... Zwei Wege sind dir offen.
Hier Schatten - und hier Licht.
Und wer das Leben liebet,
verfehlt den rechten nicht."

War die politische Botschaft hier vielleicht noch etwas verschleiert, so wird sie angesichts der wirtschaftlichen und politischen Krise 1932 mit über 37% der Stimmen für die NSDAP bei der Reichstagswahl im Juli und über 6 Millionen Arbeitslosen im Gedicht zur „Deutschen Woche" [45] entschieden deutlicher:

Zur „Deutschen Woche" 1932

Vergiß im Lärm des Tages
Nie, daß Du Deutscher bist,
Daß Deutschlands Wohl und Wehe
Dein Glück und Unglück ist.

Bei allem Tun bedenke,
Was Deinem Volke frommt,
Daß alles — auch das Kleinste —
Doch ihm zugute kommt.

Kauf immer deutsche Waren
Und meide fremden Tand,
Dann dient der schnöde Mammon
Dir und dem Vaterland,

Denn bleibt das Geld im Lande,
Schafft Arbeit es und Brot.
Es trocknet manche Träne
Und lindert manche Not.

M. M.

Im Gedicht „Weihnachtswünsche"[46] schildert sie kurz vor Weihnachten ein armes blasses und blau gefrorenes Kind, das vor einem Schaufenster all die Spielsachen betrachtet, die es wahrscheinlich nie bekommen wird. Sie tröstet das Kind damit, dass es den Großen nicht viel besser geht und auch denen Vieles verwehrt wird. Auch in ihrem Weihnachtsgedicht „Friede auf

Erden!"[47], das zu Heiligabend 1932 im „Täglichen Kreisblatt" mit einer großen Weihnachtszeichnung auf der Titelseite erscheint, spricht sie von mahnenden Kirchenglocken, die dazu auffordern, das Streiten zu unterlassen, damit Friede auf Erden einkehren kann.

So ist es in dieser Situation denn nicht verwunderlich, dass auch ihr Gedicht zum Jahreswechsel 1932/33 nicht mehr das idyllische Bild vom scheidenden alten Mann und kommenden strahlenden Jüngling wie noch ein Jahr zuvor beschreibt, sondern es sind sorgenvolle Gedanken, ob das neue Jahr weiterhin Not und Sorge, Angst und Pein oder Glück und Aufstieg bringen wird.[48] Es wird ein Jahr sein, das eine Zeit einläutet, die zunächst scheinbar Glück und Aufstieg und später dann Not und Pein in einem bislang nicht bekannten Ausmaß bringen und Mia Meyer am Ende wieder in ihre alte Heimat nach Beverbeck zurückführen wird.

Zur Jahreswende 1933.

Wieder ist ein Jahr vergangen
Wieder wendet sich ein Blatt
Das die Zeit mit spitzer Feder
Dicht und eng beschrieben hat.

Mancherlei ist hier zu lesen
Von der schicksalhaften Not
Und wie wir getragen haben,
Was beglückt uns und bedroht. —

Neunzehnhundertdreiunddreißig
Heißt das unbeschrieb'ne Blatt
Welches heut' der Herr der Zeiten
Vor uns ausgebreitet hat.

Wer wird nun den Griffel führen?
Not und Sorge? Angst und Pein?
Nein. Wenn wir nur ernstlich wollen
Kann es Glück und Aufstieg sein.

M. M.

Das Jahr 1933 beginnt Mia Meyer mit drei Gedichten im April: dem Frühlingsgedicht „Das Krokusbeet" und zwei Gedichten zu den christlichen Feiertagen Karfreitag und Ostern.

Im „Krokusbeet" fordert sie den immer noch über die Not klagenden Freund auf, fröhlich zu sein und sich an der schönen Natur zu erfreuen, deren farbenfrohe Frühlingssymphonie verkündet „Die Welt ist schön !" und „Freut euch ! Freut euch !"[49] Während die „Karfreitagsgedanken"[50] um den Tod Christi am Kreuz kreisen und dessen Not und Pein mit der viel geringeren eigenen Not vergleichen, strahlt das Gedicht „Osterfreude"[51] Optimismus und Lebensfreude aus. Lobgesänge steigen empor und Freudenfeuer brennen, ein Strom der Freude ergießt sich über alle, und wer es mit dem Leben wagt, der kann auch den Tod bezwingen.

Osterfreude.

Steigt empor, ihr Lobgesänge!
Und ihr Freudenfeuer loht!
Heute ist zum Licht erstanden,
Was Karfreitag starr und tot.

Ostern! — Welche Segensfülle
Dieses eine Wort umschließt!
Ostern! — Und ein Strom der Freude
Sich in unser Sein ergießt.

Hisse deinen Hoffnungswimpel,
Der du schwach bist und verzagt,
Denn den Tod kann nur bezwingen,
Wer es mit dem Leben wagt.

Und du, Strom der Freude, rausche,
Brause jauchzend durch das Tal,
Bis wir alle mit dir singen
Osterfroh den Lichtchoral!   M. M.

Im September folgen noch zwei Gedichte: Eines mit einem religiösen Hintergrund zum Erntedankfest,[52] das jetzt „Tag des deutschen Bauern" heißt, und dann ihr erstes Loblied auf den Führer Adolf Hitler.[53]

Erwachtes Deutschland.

Millionen Deutsche schaun mit stolzer Freude
Zum Führer auf, als ihren Hoffnungsstern.
Trotz Dornen, Disteln, tausend spitzen Steinen,
Gehn seinen steilen Aufwärtsweg sie gern.

Die hohen Schranken frühern Nichtverstehens
Sind im Begeist'rungssturm längst überrannt.
Der gleiche Glaube an die großen Ziele
Verbündet Menschen, die sich nie gekannt.

Deutschland, nur Deutschland ist ihr einzig' Denken,
Ihr Bitt- und Dank-, ihr Früh- und Nachtgebet.
Aus ihren Augen bricht das starke Leuchten
Des hellen Sterns, der über ihnen steht.

Ihr müden Zweifler und Ihr Bangverzagten,
Erhebt auch Ihr vertrauensvoll den Blick!
Ihr wollt doch wohl nicht immer abseits stehen?
Wollt teil doch haben an dem großen Glück?

Kommt, laßt uns alle Stein und Baustein tragen,
Im festen Glauben, daß der Bau gelingt,
Der dir und mir, dem ganzen deutschen Volke
Den Segen wahrer Volksgemeinschaft bringt.

M. M

Sie übernimmt im Titel mit „Deutschland erwache!" sogar den Kampfruf der Nationalsozialisten und behauptet, dass Deutschland inzwischen erwacht ist, denn Millionen Deutsche schauen begeistert auf den Führer als ihren Fixstern. Die noch abseits stehenden müden Zweifler fordert sie auf, sich in das große Werk der Volksgemeinschaft einzuordnen, um gemeinsam Deutschlands steilen Weg aufwärts zu gehen.

Die „Gedanken zum Totensonntag"[54] beschließen im November 1933 die im „Täglichen Kreisblatt" veröffentlichten Gedichte Mia Meyers. Es ist wieder ein sehr religiöses Gedicht mit der Mahnung, angesichts der vergehenden Natur innerlich einzukehren und der eigenen Vergänglichkeit bewusst zu werden.

Gedanken zum Totensonntag.

Welkes Laub auf Weg und Steg.
Kahl und grau die Wälder.
Dunkle Nebelschwaden ziehn
Ueber öde Felder.

Alles predigt vom Vergehn,
Redet vom Verderben
Und ermahnet dich und mich
An das eig'ne Sterben.

Wandrer sind wir allzumal
Zwischen Staub und Sternen.
Ziel und Zukunft liegen weit
In den fernsten Fernen.

Und der Tag der Toten mahnt:
Mensch, bedenk dein Ende!
Halte Einkehr bei dir selbst!
Falte still die Hände!

Klage nicht so laut und viel!
Laß die Toten schlafen!
Aber lenke deinen Kahn
Sicher in den Hafen!

M. M.

Weder zur Advents- und Weihnachtszeit noch zum Jahreswechsel 1933/34 erscheint ein Gedicht von Mia Meyer im „Täglichen Kreisblatt".

Erst im März 1934 meldet sich Mia Meyer wieder mit dem Frühlingsgedicht „Erste Weidenkätzchen".[55] Es ist eines ihrer üblichen Frühlingsgedichte, in denen die Natur von der Sonne wieder erweckt wird und dessen optimistische Stimmung sich auch auf den Menschen übertragen soll. Mitte März begrüßt sie auf der Titelseite des „Täglichen Kreisblatts" die Teilnehmer des Kreisparteitags der NSDAP in Beeskow mit der Versicherung, dass wir alle unserm Führer Adolf Hitler zugetan und jederzeit bereit sind, ihm zu folgen und zu dienen.[56]

> **Willkommen in Beeskow!**
> **Zum Kreisparteitag der NSDAP. des Kreises Beeskow-Storkow**
> am Sonntag, dem 18. März 1934
>
> Seid gegrüßt in unsern Mauern,
> Deutsche Männer, Deutsche Fraun.
> Aller Augen voll Verlangen,
> Voll Vertrauen auf Euch schaun.
>
> Denn wir wissen, daß Ihr alle
> Nach dem gleichen Ziele strebt,
> Daß in Euch der gleiche Glaube
> Wie in unsern Herzen lebt.
>
> Unserm Führer Adolf Hitler
> Sind wir alle zugetan,
> Treu und stark und richtungweisend
> Geht er unserm Weg voran.
>
> Ihm zu folgen, ihm zu dienen
> Sind wir jederzeit bereit,
> Denn es gilt dem Vaterlande,
> Gilt der deutschen Einigkeit.
>
> Und in diesem Sinne wünschen
> Wir Erfolg und Sieg und Heil
> Allen, die an dieser Tagung
> Frohen Herzens nehmen teil. M. M.

Es bleibt ihr einziges politisches Gedicht in diesem Jahr. Was folgt, sind Naturbeschreibungen in den sechs Gedichten des ersten Halbjahres in optimistischer Grundstimmung, wenn auch im Gedicht „Wogendes Kornfeld"[57] noch einmal Hunger und Not die Idylle stören. Aber sie genießt diesen Sommer und fühlt sich in einer Juninacht wie im Paradies.[58]

> **Juninacht.**
>
> Die Erde ist ein Paradies.
> Die Rosen duften schwer und süß.
> Die Nachtigallen schlagen.
> Die Luft ist lau und lind und klar.
> Die Quelle singt so wunderbar
> Von jungen Schöpfungstagen.
>
> Ich lausche ihren Melodei'n
> Und horche still in mich hinein.
> Das Glück läßt mich erschauern.
> Wenn Ihr es jetzt nicht fühlt und wißt,
> Daß Gott stets um und in uns ist,
> Kann ich Euch nur bedauern. M. M.

Das „Glück im Sommer"[59] knüpft nicht nur in der blühenden Rosenlaube zarte Fädchen und fängt die Mädchen darin, sondern es huscht auch durchs offene Kammerfenster zu den Buben und Mädchen – eine erste erotische Anspielung Mia Meyers in einem ihrer Gedichte. Ein kleines, aber dafür sehr inniges Weihnachtsgedicht[60] beschließt das Jahr 1934.

Weihnachten

Nun geht ein leises Freuen
Durch unsre laute Welt,
Ein großes stilles Leuchten
Die Finsternis erhellt.

Der Heiland ist geboren
In stiller heilger Nacht,
Hat Liebe, Licht und Freude
In diese Welt gebracht.

Wir zünden ihm zu Ehren
Viel Tausend Kerzen an,
Damit auf Erden Friede
Und Weihnacht werden kann.

M. M

Im Jahr 1935 bringt das „Tägliche Kreisblatt" von Mia Meyer drei politische Gedichte in der Zeit bis zum 15. Mai – für den Rest des Jahres sind die Ausgaben leider durch Kriegseinwirkung verloren gegangen und auch in keinem anderen deutschen Archiv erhalten.

Das beginnt Mitte März mit einem großen schwarz umrahmten Gedicht „Zum Heldengedenktag"[61] zusammen mit dem Foto eines Soldatenkopfes von einer Grabplatte. Verglichen mit ihren Gedichten voll inniger Trauer um den gefallenen und in Belgien begrabenen Bruder aus den zwanziger Jahren schlägt sie hier einen geradezu kämpferischen Ton an:

„ ... Ja, für uns habt ihr gelitten,
Die ihr in der Fremde ruht.
Ja, für uns habt ihr gestritten
Und vergossen euer Blut.

Worte können nicht ermessen,
Was ihr habt für uns getan.
Unser Dank folgt euch indessen
Erdhinab und himmelan."

Vierzehn Tage später besucht der NSDAP-Gauleiter Wilhelm Kube Beeskow und wird von Mia Meyer auf der Titelseite des „Täglichen Kreisblatts" emphatisch begrüßt.⁶² Sie spricht vom Tag der Freude für Beeskow und fordert alle Einwohner auf, Wilhelm Kube und die übrigen Parteigenossen der NSDAP in Beeskow herzlich zu empfangen. Besonders Wilhelm Kube sei das große Vorbild, dem nachzueifern es gilt.

In ähnlicher Form äußert sie sich noch einmal am 20. April 1935 zum Geburtstag Adolf Hitlers im „Täglichen Kreisblatt". Direkt links neben einem großen Führer-Foto erscheint Mia Meyers dreistrophiges Gedicht „Unser Führer Adolf Hitler"⁶³ in Fettdruck, während der Reichsjugendführer Baldur von Schirach rechts vom Führer-Bild nur mit einem kleinen achtzeiligen Gedicht „Hitler" in Normaldruck vertreten ist. Der politische Stellenwert Mia Meyers für die Nationalsozialisten in Beeskow scheint zu diesem Zeitpunkt auf dem Höhepunkt zu sein. Und es ist gleichzeitig auch das Ende ihrer Karriere im „Täglichen Kreisblatt", denn dort erscheint nur noch einmal im Februar 1936 als Reprint ihr Gedicht „Beeskow" aus dem Kreiskalender des Jahres 1927 anlässlich der „Beeskower Heimatwoche" und dann bis Kriegsende keine einzige Zeile mehr.

Unser Führer

Zum Geburtstag des Führers ü[...]

Heil dem heißverehrten Führer!
Alles Gute für und für!
Uns're treusten Wünsche formen
Heute zum Gebete wir:

Gott, beschütze und erhalte
Ihn, den du uns hast gesandt,
Breite segnend deine Hände
Ueber Volk und Vaterland!

Laß des Führers Werke
  wachsen!
Gib ihm täglich neue Kraft,
Seinem Ringen das Gelingen!
Segne ihn und was er schafft!

M. M.

Über den Anlass für das plötzliche Verstummen Mia Meyers in der Öffentlichkeit nach 1935 kann man nur spekulieren. Ist es eine persönliche Krise im Leben Mia Meyers ? Oder sind ihr die eigenen Lobpreisungen Hitlers und seiner Parteigenossen n den Zeitungen peinlich geworden und fürchtet sie, nach ihren Lobgesängen auf die NSDAP und deren Führer im Frühjahr 1935 mehr als NS-Bardin denn als Beeskower Heimatdichterin wahrgenommen zu werden ? Ist sie wegen der Verweigerung weiterer Lobgesänge auf die NSDAP politisch in Ungnade gefallen und durfte künftig auch keine Heimatgedichte mehr publizieren ? Oder ist es einfach nach ihrer anfänglichen Begeisterung die bittere Erkenntnis der sehr religiösen Mia Meyer, die immer noch über den Tod ihres Lieblingsbruders im 1. Weltkrieg trauert, über den künftigen unheilvollen Weg des NS-Staates in Krieg und Völkermord angesichts der Einführung der Wehrpflicht, der Aufrüstung der Wehrmacht, des Kampfes um die Führung der evangelischen Kirche und der Verabschiedung der „Nürnberger Gesetze" zur endgültigen Ausschaltung und Vernichtung der Juden im Jahr 1935 ?

IV. Mia Meyer im „Kreis-Kalender für den Kreis Beeskow – Storkow"

Der Kreis-Kalender erschien seit 1907 jährlich für den Kreis Beeskow-Storkow im Verlag Knüppel & Haeseler in Beeskow, in dem auch die Tageszeitung „Tägliches Kreisblatt" gedruckt wurde. Heraus- und Geldgeber war der Kreis, aber es gab auch Jahre, in denen der "Kreis-Kalender" aus finanziellen Gründen während der Inflationszeit von 1923 bis 1925 und in der Wirtschaftskrise 1932 nicht erschienen ist. Drei Jahre nach Kriegsbeginn ist er 1942 eingestellt worden. Die Ausgaben waren jeweils mit einem Titelbild versehen, das je nach Zeitgeist wechselte – hier die Ausgabe 1928:

- und zehn Jahre später die von 1938:

Mia Meyer hatte seit 1926 Kontakt zum Beeskower Verlag Knüppel & Haeseler durch ihre Veröffentlichungen im „Täglichen Kreisblatt", und so ist es nicht verwunderlich, dass in der Ausgabe 1927 des „Kreis-Kalenders" von ihr ebenfalls erste Gedichte erscheinen wie zum Beispiel der Lobgesang auf ihre neue Heimat Beeskow.[64]

Beeskow.

Kleine Stadt, es will der Alltag
Gar zu gern in dir regieren,
Will so wie an andern Orten
Hart und streng die Zügel führen.

Doch es blieb in deinen Mauern
Etwas von Romantik hängen,
Deren blaue Zipfelenden
Neckisch sich dazwischen drängen.

Laß sie flattern, diese Enden,
Denn sie können dir berichten
Aus den längstentschwund'nen Zeiten
Wundersame Traumgeschichten.

Wenn den Zinnenkranz des Kirchturms
Silbergüldne Mondenstrahlen,
Haschen spielend, leicht vergolden
Und die Dächer rings bemalen,

Wenn die Raben schicksalmahnend
Ernst die Wachttürme umkreisen,
Die aus Ururväterzeiten
Grüßend zu uns rüber weisen,

Wenn im Immergrün des Efeus,
Der umrankt die Mauerbreiten,
Still behaglich ein' sich nistet
Sonnengold der Mittagszeiten.

Wenn die Eisengitterfenster
Deiner Burg am Uferstrande
Sonnenstrahlen widerspiegeln,
Die verglühn am Waldesrande,

Und die Gluten widerwillig –
Jene roten, tiefen, satten –
Weichen vor den dämmerblauen,
Träumeschweren Abendschatten,

Dann ist's Zeit zum stillen Lauschen
Auf die Wunder ferner Zeiten,
Kleine Stadt, auf deine Träume,
Welche durch den Alltag gleiten.

Mia Meyer-Beeskow

Die Gedichte erschienen gegenüber der Tageszeitung hier mit viel Raum gesetzt und kunstvoll umrahmt. Sie sollten offenbar das ganze Jahr über hübsch anzusehen sein und Freude bereiten. Dieses frühe Gedicht Mia Meyers hat sie die ganze Zeit und über ihren Tod hinaus in Beeskow begleitet. Es ist 1936 noch einmal in einer Sonderausgabe des „Täglichen Kreisblatts" zur Beeskower Heimatwoche erschienen und 2007 wiederum in einem Sonderdruck des Beeskower Kunstvereins veröffentlicht worden.[65] Das zweite Gedicht des gleichen Jahres ist eine religiöse Naturbetrachtung.[66]

Vom Kornfeld.

Bist Du schon durch reifende Kornfelder gegangen?
Hast Du ihr Wellenschlagen gehört?
Hast Du ihre Sprache verstanden?
War es nicht die der Allmutter Natur?
War es nicht die Deines Gottes?

Sie redeten vom Wachsen und Blühen und Reifen, vom Säen und Ernten.
Vom Werden und Vergehen sprachen sie, vom Sprießen und Verwelken:
Sie sagten: „Im Schweiße Deines Angesichts sollst Du Dein Brot essen.
   Vergiß es nicht, o Mensch!
Auch vom Segen der Arbeit wußten sie zu erzählen:
   „Schaffen und Arbeiten ist Menschenlos und bringet Freude."

Hast Du das verstanden, als Du durch die reifenden Kornfelder gingst?
Wurde Dir nicht ganz andächtig zumute?
Wurde Dein Herz nicht mit Dank erfüllt und mit Freude zur Arbeit?
Nein? Dann verstandst Du Gottes Sprache nicht,
   dann bist und bleibst Du ein armer Mensch, dann wird Dir die Arbeit zur Last werden und das Leben wird Dir keine Freude bieten.

Mia Meier-Beeskow

Mia Meyer zeigt sich hier völlig im Einklang mit ihren religiösen Überzeugungen und ihren Naturempfindungen. Nur wer die Sprache der Allmutter Natur versteht, versteht auch Gottes Sprache, und nur ihm werden die Arbeit keine Last sein und das Leben Freude bereiten.

Ein Jahr später veröffentlicht sie 1928 an gleicher Stelle zwei Gedichte, die bereits zwei Jahre zuvor im „Täglichen Kreisblatt" erschienen waren: „An den Morgen" und „Allein". Lediglich das Gedicht „Am Abend" ist neu – eine stimmungsvolle Betrachtung des goldfarbenen Sonnenuntergangs, der die Seelen berührt und in lichte Bahnen führt.[67]

1929 erscheint von Mia Meyer im Kreis-Kalender einer ihrer seltenen Prosatexte: „Der Kiefernwald" ist eine Ehrenrettung für den an sich mageren Märkischen Wald, dessen Vorzüge sie durch die Jahreszeiten und alle Wetterlagen hindurch beschreibt, womit sie einen anonymen Ansprechpartner zum Wandern und Genießen zu verführen sucht.[68] Interessanter und mit Jugendstil-Rahmen auch optisch ansprechender ist aber ihr Gedichtzyklus über die vier Jahreszeiten, wobei das Gedicht „Frühling" bereits 1926 im „Täglichen Kreisblatt" erschienen war und von ihr offensichtlich um „Sommer", „Herbst" und „Winter" ergänzt worden ist.[69]

Herbst.

Von Mia Meyer, Beeskow.

Weinumkränzt das Haupt, das ernste
Vater Herbst geschritten kam.
Farbenpinsel in das fernste
Dorf im Talgrund mit er nahm.

Malte hier und dort ein Fleckchen
Rot und gelb und bunt und braun,
Hier den Aepfeln rote Bäckchen,
Bunt das Weinlaub dort am Zaun.

Hieß die Aehren schwer sich neigen,
Goldenreif und tief, ganz tief,
Hieß die Sommervögel schweigen,
Weil der Sommerwind schon schlief.

Durch die lichtdurchsonnten Fluren
Wanderte er her und hin.
Seinen bunten Wanderspuren
Froh ich nachgepilgert bin.

Auch das fünfte Gedicht in dieser Ausgabe des Kreis-Kalenders, das „Scheidelied",[70] ist der Neudruck eines im Januar 1927 im „Täglichen Kreisblatt" erschienenen Gedichts. Es geht um das Scheiden von der Geliebten, die Schwüre ewiger Treue und die Hoffnung auf eine Wiederkehr.

Im „Kreis-Kalender" für das Jahr 1930 ist Mia Meyer mit sechs Gedichten vertreten. Im Gedicht „Badende Kinder"[71] beobachtet sie badende Kinder, die vor Freude jauchzen. Aus dem ganzen Gedicht spricht ihre Begeisterung für diese Kinder und ihre Bewunderung, wie sie ohne Hemmungen lautstark die Freuden genießen – und auch ein wenig Wehmut. Sie selbst ist zu dieser Zeit bereits sechsunddreißig Jahre alt, seit fünf Jahren verheiratet und immer noch kinderlos.

Aus der entgegengesetzten Perspektive des Kindes ist das Gedicht „Mutter"[72] eine Dankeshymne an ihre Mutter und alle anderen Mütter, die sie später auch in ihre Sammlung „Feierstundenträumereien" aufgenommen hat.

Mutter
Von Mia Meyer

Mutter, weich ist deine Hand,
Zärtlich deine Strafe;
Sorgenvoll ist dein Gebet,
Wenn ich ruhig schlafe.

Wenn ein wehes Leid mich quält,
Muß es bald sich wenden,
Weil du seine heiße Pein
Kühlst mit linden Händen.

Lacht ein stolzes Glück mir zu,
Bleibst du abseits stehen:
Meine Augen sollen nicht
Deine Tränen sehen.

Haucht mich an der kalte Tod,
Lachen deine Augen,
Weil — wenn ich genesen soll —
Keine Tränen taugen.

Woher nimmst du nur die Kraft,
Stetig zu entsagen,
Woher Antwort, Lächeln, Trost
Für die bängsten Fragen?

Mutter, ruht wohl Gottes Hand
Ueber deinem Leben?
Und was ich dir schuldig blieb,
Hat sie's dir gegeben?

Entsagung und Tragik sind Gegenstand des folgenden Gedichts „Tragik"[73]. Hier geht es um den hässlichen und buckligen Frieder, der mit ansehen muss, wie die von ihm ebenfalls geliebte Liese mit einem jungen Mann tanzt und er aufgrund seiner Behinderung dazu nur ein Lied auf seiner Fiedel aufspielen kann.

Tragik
Von
Mia Meyer

Auf lenzgrüner Wiese
Der Hans und die Liese
Im Tanze sich wiegen
Und schmiegen und biegen.

Die Wangen erglühen.
Die Augen, sie sprühen.
Es flattern die Löckchen
Und wirbeln die Röckchen.

Befangen im Traume
Lehnt unter dem Baume
Der bucklige Frieder
Und geigt seine Lieder.

Sein Wünschen und Sehnen
Fliegt rüber zu jenen.
Gern tanzt' auf der Wiese
Er selbst mit der Liese.

Doch weil er gebrechlich
Und häßlich und schwächlich,
So spielt er die Geigen
Den andern zum Reigen.

Entsagend, mit Schmerzen
Der Sehnsucht im Herzen,
Entlockt er der Fiedel
Ein lustiges Liedel.

Selbst die sonst immer so optimistischen Naturbeschreibungen sind in diesem Jahr 1930 von dunklen Gedanken getrübt. Im Gedicht „Weidenröslein"[74] pflückt sie im Sommer einen großen Strauß blühender Weidenröschen, um ihn ihrem Liebsten zu schenken – aber die Rosen welken schon, und so bleibt nur die bange Frage:

> Ob sie wohl gar ein Sinnbild sind
> Von uns'rer großen Liebe?
> Wie bitterweh, wenn auch von ihr
> Ein welker Strauß nur bliebe!

Im Kreis-Kalender 1930 sind übrigens zwei weitere Gedichte - „Der alte Garten" und „Weißer Flieder" - unter dem Namen Mia Meyers erschienen, die aber vom Setzer der Druckerei ihr fälschlicherweise zugeordnet worden sind, wie sich aus einem Entschuldigungsbrief des Kreissyndikus vom 10. Dezember 1929 ergibt.[75]

Wie bereits 1931 im „Täglichen Kreisblatt", so macht Mia Meyer sich auch im Kreis-Kalender in diesem Jahr sehr rar - es findet sich von ihr kein einziger Beitrag. Über die Gründe dafür gibt es keine Informationen.

Ein Jahr später erscheint 1932 aus der Finanznot des Kreises Beeskow-Storkow heraus gar keine Ausgabe des Kreis-Kalenders. Erst für das Jahr 1933 gibt es wieder einen Kreis-Kalender, nachdem der Verlag Knüppel & Haeseler die Finanzierung übernommen hatte, wie der Kreissyndikus in seinem Vorwort zur Ausgabe 1933 betont.[76] Und zugleich scheint auch ein neuer Geist in den Kreis-Kalender eingezogen zu sein, was man schon am Titelblatt mit den paradierenden Soldaten erkennen kann.

Auch der Ton ist ein anderer geworden. Noch im Einleitungsteil gleich nach dem Kreissyndikus erklärt Mia Meyer den Lesern im Gedicht „Der Kalender spricht"[77] aus dem Winter 1932 den Ernst der Situation:

Der Kalender spricht:

Die Not ist groß. Die Zeit ist schwer.
Ich aber will es wagen,
Ein wenig Freude Euch und Glück
In Euer Haus zu tragen.

O bitte, nehmt mich freundlich auf!
Bringt mir Vertrau'n entgegen!
Ich möchte Freund und Helfer sein
Auf allen Euren Wegen!

Ich bringe wohlerprobten Rat
Den Kranken und Gesunden
Und Unterhaltung und Humor
Für alle guten Stunden.

Ich trage noch das alte Kleid
Und dien' in alter Weise
Der lieben treuen Leserschar
Und unser'm Heimatkreise. — —

Das neue Jahr steht vor der Tür.
Was mag und wird es bringen?
Ob Last und Leid? Ob Sorgenbrot?
Ob Segen und Gelingen?

Ich weiß es nicht. Doch wünsch ich Euch
Die Kraft zum Vorwärtsstreben,
Getrosten Mut und frohen Sinn
Für's rauhe Werktagsleben

Mia Meyer.

Trotz der großen Not und der schweren Zeit will sie Trost bringen und Mut machen und wünscht den treuen Lesern Kraft und frohen Sinn für den rauen Alltag. Als sie diese Zeilen im Spätjahr 1932 schreibt, kann sie wahrscheinlich kaum ahnen, wie rau der Alltag für die meisten Deutschen 1933 tatsächlich werden wird.

Gedichte wie „Für den Alltag"[78] sollen in dieser Situation Mut machen und Hoffnung bringen.

Für den Alltag
Von Mia Meyer

Nimm den Alltag nicht so wichtig!
Nimm die Sorgen nicht so schwer!
And're tragen größ're Lasten,
Blick nur off'nen Aug's umher.
Deine Alltagskümmernisse
Doch nur kleinste Wellen sind,

Welche übermütig kräuselt
Sich zur Lust ein tück'scher Wind.
Brauchst nur fest am Steuer sitzen
Und zu lachen dann und wann,
Und die Hoffnung flattert lustig
Wie ein Wimpel dir voran!

Aber sie findet auch mahnende politische Worte wie zum Beispiel im Gedicht „Eines nicht!":[79]

Eines nicht
Von Mia Meyer

Deutsches Volk, die Dornenkron'
Darfst du willig tragen.
Geh den Weg nach Golgatha!
Laß ans Kreuz dich schlagen!

Aber eins darf nicht geschehn!
Deinen heil'gen Glauben
An ein stolzes Auferstehn
Laß dir niemals rauben!

Dazu muss man wissen, dass 1929 ein Volksbegehren gegen den Young-Plan zur endgültigen Regelung der deutschen Reparationen aus dem 1. Weltkrieg den Nationalsozialisten und Adolf Hitler eine erste reichsweite Propagandaplattform geboten hatte. Eine internationale Konferenz hatte zwar 1932 in Lausanne gegen die einmalige Zahlung von 3 Milliarden

Goldmark ein Ende der deutschen Reparationen vereinbart, aber trotzdem war die Frage einer „Versklavung" Deutschlands durch den Versailler Vertrag seither nie mehr aus der öffentlichen Diskussion verschwunden.

Die übrigen drei Gedichte im „Kreis-Kalender" 1933 sind wieder Naturbeschreibungen, davon ist die „Letzte Rose"[80] bereits 1926 im „Täglichen Kreisblatt" erschienen. Sie ist im Herbst verblüht, der Winter steht vor der Tür, aber es wird auch wieder ein Frühling kommen und sie erwecken. Mia Meyer beobachtet einen Angler, der trotz geringer Beute in idyllischer Umgebung mit seinem Traum zufrieden heimkehrt.[81] Auch „Frühling am Märkischen Meer"[82] wurde bereits 1931 im „Täglichen Kreisblatt" gedruckt.

Das Jahr 1934 wird von Mia Meyer wiederum an vorderster Stelle gleich in der Einleitung zum neuen Kreis-Kalender begrüßt mit einem Gedicht, in dem sie die Terminologie der Nationalsozialisten weitgehend übernimmt und ihre deutschen Volksgenossen auffordert, das vom Führer begonnene Werk zu vollenden und alles Undeutsche, Schlechte und Kleinmütige zu bekämpfen:[83]

Zum Jahreswechsel 1934

Von Mia Meyer

Das alte Jahr ist nun vollendet.
Ein neues steht vor uns'rer Tür.
Und tausend bange Herzen fragen:
Was wird es bringen dir und mir?

Nur unverzagt und frohen Mutes!
Wer schaffen will, muß fröhlich sein.
Und darum laßt uns alle Kräfte
Dem Dienst am Volke freudig weih'n!

Das große Werk, das unser Führer
Begonnen hat mit starker Hand,
Wir wollen es vollbringen helfen
Zum Segen für das Vaterland.

Drum auf zum Kampf, Ihr Volksgenossen!
Der heil'ge Glaube an den Sieg
Sei unser Schwert, sei uns're Waffe,
Sei Helfer uns in Kampf und Krieg.

Kampf allem Falschen, allem Schlechten!
Kampf allem, was nicht deutsch und wahr!
Krieg allem Kleinmut, allem Zweifel!
Krieg allem Bösen immerdar!

Wen kann das neue Jahr noch schrecken?
Der Ausblick in die beff're Zeit
Macht uns die Augen hell und heiter,
Macht uns die Herzen warm und weit!

Zu diesem zuversichtlichen Ausblick in die Zukunft passen auch die optimistischen Naturbeobachtungen in den Gedichten „Bald", „Sturm" und „Wanderlied",[84] wobei es sich bei den letzten beiden Gedichten um Neudrucke aus dem „Täglichen Kreisblatt" der Jahre 1926 und 1930 handelt.

Lediglich das Gedicht „Fallendes Laub"[85] ist geprägt durch eine ernste Stimmung, denn das fallende Laub mahnt an Tod und Vergehen, den kurzen Sommer des Lebens und das baldige Ende, worüber sie aber nicht klagen will.

Fallendes Laub Von Mia Meyer

Fallendes Laub!
Es mahnt mich an's Scheiden,
Spricht vom Verwelken, von Tod und Vergehn.
Fallendes Laub!
Wie kurz war der Sommer!
Kurz ist das Leben. Doch ach, es ist schön!

Fallendes Laub!
Ich will ja nicht weinen,
Will nicht beklagen, daß bald so wie dich,
Fallendes Laub,
Vom Baume wird lösen
Sturmwind und Sonne auch mich – ja, auch mich.

Noch einmal erscheint ein Neujahrsgedicht[86] von Mia Meyer vorne im Einleitungsteil des Kreis-Kalenders für das Jahr 1935, und noch einmal ist es ein Loblied auf das Werk des Führers und eine Versicherung, dass sein Weg der richtige sei und man ihm trotz aller Opfer folgen müsse, denn die Nachkommen würden es einst danken. Für Deutschlands Zukunft und Deutschlands Jugend dürfe kein Opfer zu groß sein.

Dieses 1934 geschriebene Gedicht ist das letzte im Kreis-Kalender veröffentlichte Loblied auf Adolf Hitler und das Werk der Nationalsozialisten. Ebenso wie im Täglichen Kreisblatt erscheinen auch im Kreis-Kalender nach 1935 keine Texte mehr von ihr. Offenbar hat sie 1935 nach fast zehn Jahren beim Verlag Knüppel & Haeseler jegliche Mitarbeit eingestellt oder einstellen müssen. Über die Gründe ist bereits im vorangehende Kapitel spekuliert worden. Die beiden übrigen Gedichte im Kreis-Kalender sind „Wogendes Kornfeld"[87] aus dem „Täglichen Kreisblatt" von 1934 sowie die Lebensweisheit „Wenn nicht"[88] - eine Mahnung, nicht immer nur nach dem großen Glück zu suchen, sondern auch das Forträumen kleiner Steine auf dem täglichen Weg schon als Glück zu betrachten.

Neujahr 1935
Von Mia Meyer

Wieder ist ein Jahr dahingegangen.
Wieder stehen wir am Meilenstein.
Doch es gibt kein langes Rückwärtsschauen,
Vorwärts muß der Blick gerichtet sein.

Unser heißgeliebter Führer schreitet
Zielbewußt und sicher vor uns her.
Du und ich, wir brauchen nur zu folgen,
Ist der Weg auch steil, die Last auch schwer.

Wenn wir immer auf den Führer blicken,
Können wir getrost und sicher gehn
Und ein Vorbild werden für die andern,
Die noch unentschlossen abseits stehn.

Ruht auf unserm Volk nicht Gottes Segen,
Seit es sich zur Einigkeit bekennt,
Seit zur Volksgemeinschaft sich verbindet,
Was so lange Jahre war getrennt?

Manches Opfer müssen wir zwar bringen.
Doch mit jeder Gabe, die du schenkst,
Du ein Samenkorn für spät're Freuden
In das Saatbeet deines Volkes senkst.

Jene aber, welche nach uns kommen,
Werden sich an seinen Früchten freun,
Und für Deutschlands Zukunft, Deutschlands Jugend
Darf kein Opfer uns zu teuer sein.

Nur noch einmal erscheint 1938 von Mia Meyer ein Gedicht im Kreis-Kalender. Es handelt sich um eine Wiederholung des Gedichts „Herbst"[89] aus dem "Täglichen Kreisblatt" im Jahr 1926. Dieses ist ihre letzte Veröffentlichung in Beeskow.

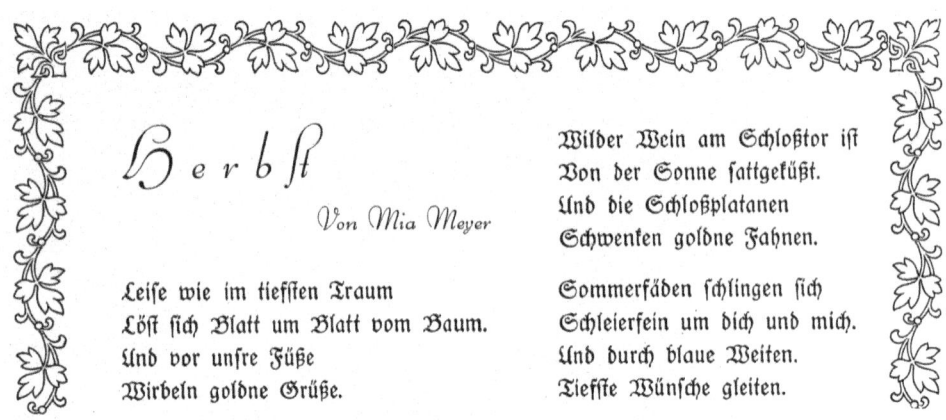

Es ist ein Gedicht, das Ruhe und Zufriedenheit ausstrahlt. Die kleinen Dinge rücken wieder in den Fokus – die goldenen Blätter, der wilde Wein am Schlosstor und die goldenen Fahnen der Schlossplatanen. Mia Meyer ist nicht allein, sondern die Sommerfäden schlingen sich wie ein Schleier um zwei Menschen, und die tiefsten Wünsche gleiten durch blaue Weiten.

Ob sie geahnt hat, dass 1938 das letzte Friedensjahr ist vor dem großen Krieg, der ihr am Ende wie vielen Millionen anderer Menschen auch die Heimat rauben und sie aus Beeskow vertreiben wird?

V. Mia Meyers „Een Mundvull Platt von düt un dat"

Zu Weihnachten 1930 stellt Mia Meyer in Beeskow für ihre Eltern eine Mappe mit dreiundvierzig handgeschriebenen plattdeutschen Texten in altdeutscher Schrift zusammen unter dem Titel „Een Mundvull Platt von düt un dat". Diese Mappe hat sie später offenbar ergänzt, denn es befinden sich in ihr noch weitere dreizehn ebenfalls plattdeutsche Texte aus der Zeit zwischen 1935 und 1943, diese dann allerdings nicht mehr in altdeutscher, sondern in normaler lateinischer Schreibstift. Teilweise hat sie später auch die ersten Manuskripte durch Streichungen und Hinzufügungen bearbeitet. Für den heutigen Leser sind alle Gedichte in Maschinenschrift transkribiert worden, die Originalsprache aber wurde belassen, um ihnen nicht ihre Wirkung zu nehmen. Diese Texte und die Abbildungen aller Originaltexte befinden sich auf der beigefügten CD.

Die Mappe beginnt programmatisch mit dem Gedicht „Muddersprak" vom 24. April 1929.[90] In ihm preist sie das Plattdeutsche als weiche und warme Muttersprache, die dennoch fest wie Eichenholz ist und an der man festhalten muss, auch wenn man dafür kein Geld noch Gut bekommt. Dieses Gedicht ist gewissermaßen zur Fanfare der Plattdeutsch Sprechenden geworden und in der Folgezeit von Mia Meyer noch zweimal bearbeitet und nach 1945 dreimal gedruckt worden. Es ist ein schönes Beispiel für die Art der Bearbeitung und wird daher hier zunächst in der Transkription und dann im Original wiedergegeben.

Muddersprak

Uns Muddersprak, uns Muddersprak
De is so week un warm.
Un jeder, de se fallen lett,
Makt sick freewillig arm.
Twor giwt se em nich Geld un Gout,

Doch sine Eegenart
De werd bi ehr so warm un treu,
So isenhaft bewahrt.

Süh, hochdütsch spräken könnt se wol -
Wenn´t ok nich richdig is -
Doch plattdütsch snacken könnt bloß wi.
Drüm holt wi fast un wiß
Uns leewe slichte Muddersprak
Un feuhlt uns free un stolt,
Denn unse schöne plattdütsch Sprak
Is fast wie Eekenholt.

Un is doch week as Muddings Hand,
Is seut as Honigbrod,
so leewlich as een Vagelleed,
Een Trost in Not un Dod.

[4 Zeilen des Originals in altdeutscher Schrift wurden von Mia Meyer gestrichen und folgende Zeilen in lateinischer Schrift später hinzugefügt:]

O helpt, dat unse leeve Spraak
Stark bliwt un wäderfast,
Solang in unsem Heimatland
Noch sture Eekböm wast.

Mudderspraak.

Uns Mudderspraak, uns Mudderspraak
Du is so weak un warm.
Un gaere, de se fallen laat,
Markt sick fearwillig warm.
Ihar givt se uns nich Geld un Gaut,
Doch sine Segenoot
De warrt bi ehr so warm un trü,
De ehr nich bewohrt.

Jüch, hochdütsch spräken künnt se wol —
Wenn't ok nich richtig is —
Doch plattdütsch snacken künnt bloß wi.
Drüm holt wi fast un wiß
Uns lewen plietn Mudderspraak
Un frücht uns fran un stolt,
Denn uns schön plattdütsch' Spraak
Is fast wie Eekenholt.

Es handelt sich hier um die 1935 überarbeitete 2. Fassung des Gedichts aus dem Jahr 1929. 1955 hat Mia Meyer es nochmals umgearbeitet für eine Veröffentlichung im Uelzener „Heidewanderer" im Jahr 1956,[91] und nach ihrem Tod hat Otto Dittmer es in seinen beiden Sammelbänden 1981 und 2004 abermals abgedruckt.[92] Nur noch ein weiteres Gedicht aus dieser Sammlung hat Mia Meyer ebenso oft umgearbeitet: „De Kaht"[93]. Die erste Fassung stammt noch in altdeutscher Schrift vom 5. Februar 1929. Am 2. Januar 1956 hat sie es dann umgeschrieben und am 20. Mai 1956 nochmals. Veröffentlicht wurde es aber erst 1961 im Uelzener „Heidewanderer" und 2004 in Otto Dittmers Sammelband der Gedichte und Geschichten Mia

Meyers.[94]

De Kaht

Wo de groten Wiecheln staht,
Steiht een lüttje scheewe Kat.
Un een Mäken wahnt dorin,
De so gout ick bin.

Abends wenn dat Käuzchen röpt
Un ehr kranke Größing slöppt,
Sitt Anngreten vör de Dör.
Un ick sitt bi her.

Spält se mit ehr Schöttenband,
Griep ick rasch nah ehre Hand.
Liesen drück ick ehren Arm
Un uns ward so warm.

Beide feult wi warm un wiß:
Wenn Großmudding nich mehr is,
Wahnt wi beiden in de Kat,
Wo de Wiecheln staht.

Was ist denn nun in dieser Sammelmappe plattdeutscher Gedichte für die Eltern zu Weihnachten 1930 alles enthalten und wann ist sie entstanden? Bemerkenswert ist zunächst, dass Mia Meyer in der Mark Brandenburg Gedichte in plattdeutscher Sprache schreibt, die dort niemand versteht. Offensichtlich ist es ihr aber ein Bedürfnis, neben dem Hochdeutschen, das sie trotz ihrer einfachen Schulausbildung hervorragend beherrscht, auch das Plattdeutsche, ihre Muttersprache, zu pflegen. Sicherlich drückt sich darin auch ein gewisses Heimweh aus, denn sie hat Niedersachsen immer wieder als ihre Heimat bezeichnet.

Die ältesten Gedichte stammen noch aus dem Jahr 1925 in Beverbeck wie „Dat Malhör". „Pätzmann" und „De erste Schooldag". Es ist der Beginn ihrer schriftlichen Kindheitserinnerungen, in denen sie in der Rolle der

Mieke ihre eigenen Erlebnisse darstellt vom Kleinkind bis zur Konfirmation.[95] Es geht in diesen Gedichten um die kleinen Dinge, die für Kinder groß und wichtig sind: das Unglück mit der durch einen Kuhfladen verschmutzten Schürze, die durch ein Vollbad Miekes in der Regentonne wieder gesäubert werden soll, der jede Woche weither aus Lüneburg kommende Kaufmann Paetzmann, der für die Kinder immer Süßigkeiten in einer großen Dose bereit hält und der erste Schultag, an dem Mieke vor Aufregung krank ist und so die Verteilung der Süßigkeiten verpasst, sie statt dessen aber am zweiten Schultag sogar einen Schokoladenosterhasen bekommt.

Unter der Überschrift „Spaß und Spor'n ut Kinnerjoh'rn"[96] sammelt sie außer den drei alten Gedichten „Dat Malhör", „Pätzmann" und „De erste Schooldag" noch weitere siebenundzwanzig Gedichte zu einem Zyklus, der Erlebnisse ihrer Kindheit über zehn Jahre vom 4. Lebensjahr an bis zur Konfirmation schildert. Diese Gedichte sind alle in kurzer Zeit zwischen Ende November und Mitte Dezember 1930 entstanden, denn es sollte ja ein Weihnachtsgeschenk für die Eltern in Beverbeck werden.

Der Zyklus beginnt mit dem Gedicht „Dat Malheur", in dem Mieke vier Jahre alt ist, gefolgt von „De Lüttje Broder" – da ist sie bei der Geburt des jüngeren Bruders Wilhelm sechs Jahre alt. In „De Hoorspang'n" zerbricht sie ihre neue Haarspange beim Aufschlagen der zugefrorenen Regentonne, und im Gedicht „Trurigkeit" stellt sie sich vor, dass ihre Mutter gestorben sei und weint still vor sich hin. „Christabend" schildert den Ablauf des Heiligen Abends in der Familie Meyer mit einem verschwundenen Vater und dem plötzlich erscheinenden Weihnachtsmann. Bei „Hänge, dänge, dingschen" missversteht sie eine Liedzeile und dichtet ihren eigenen Text, und beim „Malen" wird ein alter Saatkasten per Hand rot angemalt, wobei die meiste Farbe wohl auf der Kleidung landet zum Entsetzen aller Eltern. Das „Dreeangel" reißt Mieke sich ins neue Kleid, als sie einen Zaun übersteigt, und in „De Gorn" pflanzt sie in ihrem eigenen Garten Blumen und Sträucher ständig um, so dass sie keine Gelegenheit zum Wachsen und Blühen haben. Mieke und ihre Freundin Frieda strolchen durchs Dorf und helfen in „Kartüffelverseuken …" der alten Mutter Kruse beim Kartoffelsortieren. Zur

Belohnung gibt es ein Schmalzbrot, was sie zuhause nie isst, das hier aber besonders gut schmeckt.

Die Faszination der neuen Eisenbahn, die Köln mit Königsberg und Celle mit Kassel verbindet, ist Inhalt des Kinderspiels in „Isenbahnspäl", nur wird Mieke hier leider durch eine Mistgabel als Schranke blutig verletzt und leidet. Unbeschwert ist dagegen im Gedicht „In'n Strohbarg" das Spielen im Stroh, und in „Een bäten von Äten" schildert sie, wie Mieke sich zuhause um Milchsuppe, Hirn und Schweinebraten drückt und dafür lieber bei Nachbarn Ziegenbutter isst. Jedes Jahr wieder werden im Frühjahr junge Gänschen gekauft und anfangs mit Begeisterung von allen Kindern gehütet, die dann aber bald nachlässt („Gäusheud'n"), so dass Mieke allein hüten muss. In „School spälen" spielt die Dorfjugend das, was bald in der Schule auf sie zukommen wird, wobei Mieke sich erstmals bei den Jungen, die ihre Fähigkeiten anzweifeln, als Lehrerin durchsetzen muss.

„Großmudding" ist ein liebevolles Portrait ihrer Großmutter in Steddorf, bei der ein Besuch für Mieke immer eine besondere Freude ist. Aber dann wird Großmutter krank und stirbt, und auch wenn Mieke noch nicht alles begreift, die neue schwarze Schürze und Haarschleife sind für sie doch sehr wichtig. Beim „Fürböten" soll ein Tannenbaum neben der abbruchreifen Scheune von Mieke und ihren Brüdern angezündet werden, um dem Vater beim Abbruch der Scheune zu helfen – der ist davon aber gar nicht begeistert und sperrt die Jungen in den Keller.

„De erste Schooldag", „De kaputte Fibel", „Versetzung" und „Neihschool" schildern Erlebnisse Miekes in der Beverbecker Schule: ihr versäumter erster Schultag, ihre ständig kaputte Fibel, die Belohnung guter Leistungen durch eine Versetzung innerhalb der Klasse und das „Mobbing" durch die anderen Schulkinder und schließlich die immer wieder vergessene Nähschule am Nachmittag.

In „Armverstukung" fällt Mieke vom Heuwagen und verstaucht sich den Arm, so dass sie mehrere Wochen in der Schule nicht schreiben, dafür aber viel lesen kann. Mit ihrem Fahrrad verirrt Mieke sich in „Verbistert", auf dem Weg von der Kirche in Bienenbüttel nach Beverbeck, was ihr sehr peinlich ist, und in „Schünafbreken" ärgern die Dorfjungen sie damit, dass sie angeblich Willi Kruse als Freund habe.

„Übel des Leibes" und „Bergpredigt" behandeln Missverständnisse im Religionsunterricht in der Schule, wenn Texte zu wörtlich genommen werden. „Muß I denn" schildert den Gesangsunterricht in einer einklassigen Dorfschule. Die „Konfirmadenstund'n" werden für Mieke die allerschönste Zeit ihres Kinderlebens, sie, die Wilde und Fludrige, ist hier still und wissbegierig und weiß auf jede Frage des Pastors eine Antwort. Und schließlich kommt der große Tag ihrer „Konfirmation":

-Konfirmation

Palmsündagsmorg'n. Un Mudding nimmt
Ehr Mieke an de Siet.
"Mien lewes Kind, nu is vörbi
Dien schöne Kinnertied.
Un hüt sast du vör Gott gelob'n,
Dat du ok fernerhen
Wullt grad un fromm un örndlich blieb'n.
Vergitt dat niemals, wenn
Du später in Verseukung kommst."
"Ne, Mudding, nimmermehr."
Se makt to'r Kerkfohrt sick bereit.
Un Mieke kummt dat vör,
As schien de Sünn hüt mal so hell.
De lütten Vagels süng'n
Väl schöner as to anner Tied'n.
De Kerkenglocken klüng'n
So ernst un warm: "Lobt Gott den Herrn!"'
Un Mieke is tomood,

As wenn de Himmel nöger weur,
Un alles, alles good. -
Bi'n Pfarrhus sammelt sick de Zug.
Vöran de Herr Pastor.
In swatte Kleedung Jungs un Deerns
Mit glattgekämmte Hoor.

Mit Glocken- un Posaunenklang -
De Weg is greun bestreut -
Ganz fieerlich de schöne Zug
Bit vör dan´n Altar geiht.
De Orgel spält. Gesang. Gebet.
Predigt un Litanei.
Un knieend singt de Kinnerschar:
"Mein Schöpfer steh mir bei."
Handschlag un Segen. Mieke kriegt
Dan´n Denkspruch "Eins ist not.
Maria hat das gute Teil
Erwählt." - Se ward ganz rot. -
Nu folgt dat Heil´ge Abendmahl.
Denn is de Kerk vörbi.
Se feurt nah Hus. Un Mieke is
So glücklich wie noch nie.

Damit sind die Kinderzeit und der Zyklus der Gedichte abgeschlossen. Gewissermaßen zur Einleitung und Begründung ihrer Gedichte aus der Kinderzeit stellt Mia Meyer das Gedicht „Kinnertied"[97] diesem Zyklus voran.

Kinnertied

Mien Kinnertied, du schönste Tied,
Wat ligst du nu so wied, so wied,
Wat weurst du hell un warm!
Wie lange bist du all vörbi.
Groot bin ick nu, doch gegen di
Feuhl ick mi hüt noch arm.

Gern denk ick an mien Kinnerland.
De Sehnsucht nimmt mi an de Hand -
Un lenkt mi sacht un liek
Dorhen, wo wi stratup, stratdal
Hewt towt un gröhlt so manches Mal –
Un makt mi wedder riek.
Noch eenmal gah ick nah de School,
Sitt sommertieds an Beek un Pool
Un späl mit Jungs un Deerns
Noch eenmal in de Schummeree
Dörch't ganze drög Dörp Verstäk un Steh
In Schüns un Höf' un Görns.

Noch eenmal hock an Winderdag'n
Ick up de gruselichen Sag'n
Von Spouk un Hexeree,
Von'n ohlen Kock ut Bardenhag'n,
Von goldner Weeg, von'n Himmelswag'n
Un von'n Versehn bi'n Veh.

Mien Ogen sünd so bang un grot.
Mien Backen farwt sick puterrot. -
Un buten fallt de Snee. -
Mit Gruseln gah to Bett ick nu
Un find' noch lange keene Ruh
Vör all de Spökeree.

Un dennoch is ok dat een Glück. -
Vörbi, vörbi – Ick mut torück.
Doch priesen sall mien Leed
In nah un feern di wied un sied,
Mien Heimatland, mien Kinnertied,
Solang ick noch wat weet.

In der Sammlung aus dem Jahr 1930 sind außer den dreißig Gedichten der Kinderjahre noch insgesamt zwölf andere Gedichte enthalten. Das älteste ist „Großmuddings Fierabendsgedanken"[98] von 1926.

Grotmüddings Fierabendsgedanken.

Böbklocken lüdt.
Is Schummerlied.
De arbeitsmüd darvt Nahwers Fru
Kümm ehren Ankerspagen her.
Lat'n Schoften krüpelt sik de Rok.
Fierabend is't. — Ja, bi mi ok.

So manchen Dag
Heww ik düt Slag
Ik hört dat Fierabendsgelüd.
Doch nie hett't mi so klüng'n as hüt
Is Fierabendstied! Nu is't so wiet!
Nu is't för di ok Arbeidstied!

Nu is't so wiet,
Is't Arbeidstied,
Dann will ik doon un still Gebet,

Hier die Übertragung:

Großmuddings Fierabendsgedanken

Bätklocken lüdt.
Is Schummertied.
So arbeitsmeud drawt Nahwers Peer
Vörn sworen Ackerwagen her.
Bab´n Schosteen krüselt sick de Rok.
Fierabend ist´t. - Ja, bi mi ok.

So manchen Dag
Hew an düt Flag
Ick hört dat Fierabendsgelüd.
Doch nie hett´t mi so klung´n as hüt:
Is Fierabendstied! Nu ist´t so wied!
Nu ist´t för di ok Starbenstied!
Un ist´t so wied,

Ist´t Starbenstied
Denn will ick daun een still Gebet,
Dormit ick´t danken nich vergät,
Dat mi uns Herrgott in mien´n Läb´n
Hett soväl Meuh un Arbeit gäb´n.

Un drägt s´ mi denn
Nah´n Kerkhoff hen,
Seggt Herr Pastor denn: "Ok ehr Läb´n
Is nicks as Meuh und Arbeit wä´n,"
Denn weet´t mien Gott un ick alleen:
Grad dörch de Arbeit weurt erst schön.

Inhaltlich ähnelt es dem Gedicht „Feierabend" ebenfalls aus dem Jahr 1926, das am 19. Januar 1927 im „Täglichen Kreisblatt" in Hochdeutsch erschienen und in dem entsprechenden Kapitel auch besprochen worden ist. In beiden Gedichten geht es um den Feierabend des Tages, der auch der Feierabend des Lebens ist. In beiden Fällen blickt eine alte Frau zufrieden auf ein erfülltes Leben zurück, wobei hier besonders die Arbeit im Mittelpunkt steht, die das Leben erfüllt und erst schön gemacht hat.

Weitere Gedichte betrachten die Natur im Winter mit der Hoffnung auf den baldigen Frühling, sind Abend- und Schlaflieder und vor allem Liebesgedichte entweder an den entfernten oder plötzlich auftauchenden Geliebten oder an die schöne und unerreichbare Marlene. Anrührend und von der Stimmungslage her ähnlich dem Gedicht „Trurigkeit" aus dem Kindheitszyklus ist das Gedicht eines verzweifelten Waisenkindes, das sich von niemandem geliebt fühlt und den Tod herbeisehnt, um mit Vater und Mutter gemeinsam unter der Erde zu ruhen.[99]

1943 hat Mia Meyer dann die ursprüngliche Fassung dieser Gedichtsammlung ergänzt um weitere Gedichte, die ebenfalls auf Plattdeutsch zwischen 1935 und 1943 entstanden sind. Eventuell war diese Ergänzung sogar ein Geschenk zur Goldenen Hochzeit ihrer Eltern am 3. Februar 1943, denn ihr plattdeutscher Glückwunsch an die Eltern und ihr hochdeutscher Glückwunsch für ihren inzwischen sechsjährigen Sohn Uwe an die Großeltern sind die letzten Gedichte der ergänzten Fassung von „Een Mundvull Platt von düt un dat".[100]

Die übrigen Gedichte in Plattdeutsch sind bis auf eines alle im November und Dezember 1935 entstanden, in einer Zeit also, in der Mia Meyer für die Zeitungen in Beeskow keine Gedichte in Hochdeutsch mehr schrieb. „Frau Holle", „De lütte Baas" und „Wiehnachtsmann"[101] schildern noch einmal die Welt mit Kinderaugen und könnten eigentlich in den Zyklus „Ut Kinnerjohr'n" gehören. „Auto" und „De Flieger"[102] schildern amüsiert das Erstaunen und auch Unverständnis der ländlichen Bevölkerung gegenüber den neuen Verkehrsmitteln auf der Straße und am Himmel. In „Kinnerstuv" und „Kouhverstand"[103] verarbeitet sie allgemeine Lebensweisheiten: wer keine Kinderstube hat, kann sich noch so sehr aufplustern und angeben, er bleibt in den Augen der Leute ein Strolch. Und wer von Blumen nichts versteht wie die Kuh auf der Weide, dem tut man damit auch keinen Gefallen, sondern mehr mit etwas Essbarem.

„Mandschien", „Leewskummer" und „To Twee'n" sind Liebesgedichte aus unterschiedlicher Perspektive: im ersten ärgert sie sich über den Mond, der immer in ihr Zimmer scheint und sie an die alten und jungen Liebenden erinnert; Liebeskummer hat sie, weil ihr Hans nicht den Mut aufbringt, ihr direkt seine Liebe zu gestehen, und „To Twee'n" ist ein optimistischer Ausblick zweier Liebender, denen auch in Moor und Heide die bösen Geister nichts anhaben können, weil sie jetzt jeden Weg zu zweit gehen.[104] Den Abschluss vor den Glückwünschen bildet das Gedicht „Heimat" vom März 1936[105], in dem sie noch einmal ihre ganze Liebe zur niedersächsischen Heimat und ihrem Menschenschlag ausdrückt – hier noch in der Bearbeitung durch Mia Meyer wiedergegeben.

Heimat.

Heimat min Heimat wat heu ick
di leew.
Wat bist du so schön un so grot.
Din Minschen sünd still un ver-
gnengt in ehr Glück,
Awer stolz, stief un stur in de Not.

Un erst un
Erst in'n Leed, feult se recht, wat
ehr Heimat jüm is.
Nu
Denn strüwot se sick gegen de Last.
Se stieff ehren Nacken, un rögt ehre
Händ'n
Un folt't se tomm Bäden ganz fast.

Eventuell hat Mia Meyer nach 1945 in Bienenbüttel geplant, diese nur ihren Eltern bekannte Gedichtsammlung doch noch zu ergänzen und zu veröffentlichen. In ihrem Nachlass finden sich zwei Blätter, auf denen sie unter dem Titel "Een Mundvull Platt" ein Inhaltsverzeichnis mit fünfundvierzig Gedichten erstellt hat.[106] Darunter sind einige aus der Sammlung von 1930 und der Ergänzung von 1936 wie z.B. "De erste Schooldag", "Weegenled", "Kohverstand", "To Twee'n" und "Winterstied", aber die meisten dort aufgeführten Gedichte sind erst nach 1948 in Bienenbüttel entstanden. Sie sind oftmals Mitte der fünfziger Jahre geschrieben und in Uelzen im "Heidewanderer" und "Heimatkalender" veröffentlicht worden. Ihr plötzlicher Tod 1962 hat offenbar weitere Arbeiten an einer geplanten eigenen Veröffentlichung verhindert.

VI. Mia Meyers „Feierstundenträumereien"

Im Winter 1931/32 sammelt Mia Meyer erstmalig ihre bisher in Beeskow entstandenen Texte und lässt sie in der Druckerei Knüppel & Haeseler, die auch die Tageszeitung und den Kreiskalender herausgibt, „als Manuskript" drucken. Sie möchte ihre gesammelten Texte gedruckt sehen, will sie aber nicht gleich auf den literarischen Markt werfen, weil sie die scharfe Kritik fürchtet. Entsprechend lautet auch ihre handschriftliche Widmung in den von ihr verschenkten Exemplaren:[107]

> Alles, was ich diesen schlichten Blättern
> Hab' in stillen Stunden anvertraut,
> Möchte freundlich aufgenommen werden,
> Weil ihm vor der rauhen Kritik graut,
> Sind es doch die ersten zarten Blüten,
> Welche mir die Göttin Poesie
> Gebeladung in den Schoß geworfen.
> Und damit sie nicht zu schnell u. frühe
> Schon verblühen, bitte ich von Herzen —
> Sind sie auch unscheinbar nur u. schlicht —
> Um ein warmes und geschütztes Plätzchen.
> Reif und Sturm vertragen sie noch nicht.
>
> Ihrer lieben Frau Fiebig zum
> 22. April 1932.
>   Die Verfasserin.
>
> Beeskow, im April 1932.

Es handelt sich um insgesamt 168 hochdeutsche Texte. Der überwiegende Teil davon sind Gedichte, siebenundzwanzig Texte sind Erzählungen, Märchen und Träumereien. Von diesen Texten ist mehr als die Hälfte in den Vorjahren bereits im „Täglichen Kreisblatt" und / oder im „Kreis-Kalender für den Kreis Beeskow - Storkow" erschienen. Erhalten sind diese „als Manuskript" gedruckten Texte in einem Korrekturexemplar Mia Meyers, bestehend aus zwei Teilbänden mit insgesamt 176 Seiten, wobei vom 2. Teil leider fünf Seiten verloren gegangen sind. Im 1. Teil befinden sich das Deckblatt, die handschriftliche Einleitung sowie 132 Texte aus den Jahren 1926 bis 1929 auf 110 Seiten. Der 2. Teil beginnt ohne jede Einleitung mit zwei Gedichten auf Seite 1, und es folgen auf insgesamt 64 Seiten 97 Gedichte und Erzählungen aus den Jahren 1929 bis 1934. Das legt die Vermutung nahe, dass der 2. Teil später – eventuell sogar erst 1935 – gedruckt worden ist. In diesem Teil fehlen leider die Seiten 55 bis 58. Um trotz der Wiederholung identischer Seitenzahlen in den beiden Bänden die Gedichte eindeutig zuordnen zu können, sind die erhaltenen Seiten noch einmal handschriftlich durchgehend nummeriert worden von 1 bis 174.

Es handelt sich hier um eine eindrucksvolle Zusammenstellung der literarischen Arbeiten Mia Meyers aus der Zeit in Beeskow bis 1934 und damit um eine Art Zwischenbilanz. Sie selbst hat die Korrekturen des Erstdrucks vorgenommen und damit ihren Schaffensprozess – nach der Schilderung ihres Sohnes vom ständigen Zettel und Bleistift in der Schürzentasche für erste Notizen über die Ausarbeitung der Notizen am Feierabend bis zur endgültigen Drucklegung eines Textes - abgeschlossen.

Sie beginnt das Buch mit einem kleinen unveröffentlichten Gedicht:[108]

Das Glück.

Das Glück ist wie ein Hauch,
Fast so unsichtbar auch.
Das Glück ist fein und still
Und wer es haschen will,
Muß haben helle Augen,
Die zum Glücksuchen taugen,
Muß haben feine Ohren,
Sonst geht es ihm verloren.

Im gleichen Sinne folgt ein zweites bislang unveröffentlichtes Gedicht:

Genieße die Freude!

Genieße die Freude,
Wo sie sich dir beut!
Tanze durch's Leben,
Wo's Rosen dir streut! —
Die Rosen, sie blühen
Nur einmal im Jahr.
Die Freude verwelket
Wie Blumen im Haar.
Und ließest die Stunden
Du ungenützt fliehn,
So kannst du im Alter
In's Nörgelhaus ziehn.

Auf der gleichen Seite 3 steht noch das folgende Gedicht von 1926,[109] das offenbar ebenfalls jetzt im Krisenjahr 1932 unter ihren Freunden und Verwandten Mut und Zuversicht verbreiten soll.

Rosen — Dornen, — Liebe — Leid.

Keine Rose ohne Dornen.
Keine Liebe ohne Leid.
Liebest du und mußt du leiden,
Hast du dennoch selge Zeit.

Blühen Rosen in den Gärten,
Lacht und freut sich jedes Herz.
Blühen dir die Liebesrosen,
Schrecken dich nicht Dorn' und Schmerz.

Willst du eine Rose pflücken,
Stechen dich die Dornen leicht,
Willst du Liebe dir gewinnen,
Sie den Leidenskelch dir reicht.

Trinke gern den Kelch der Leiden.
Ohne Leiden blüht kein Glück,
Ohne Dornen keine Rose. —
Das ist Schicksals Neid und Tück'!

Und natürlich steht auch die Hymne auf ihr geliebtes Beeskow[110] ganz vorne im Buch, die wir bereits aus dem „Täglichen Kreisblatt" und dem Kreis-Kalender kennen. Zwei noch nicht veröffentlichte Gedichte zu kirchlichen Feiertagen sind "Palmsonntag"[111] und "Weihnachten". Das Gedicht zu Palmsonntag ist die hochdeutsche Version ihrer Konfirmationsschilderung in "Kinnerjohr'n" - damals frisch aus der direkten Erlebniswelt des Kindes. Jetzt aber ist alles in etwas bemühten Reimen aus der abgeklärten Distanz eines Erwachsenen gesehen, der dem jungen Konfirmanden gute Ratschläge für sein künftiges christliches Leben gibt.

Wesentlich eindringlicher und ansprechender ist da das bereits 1927 im "Täglichen Kreisblatt" gedruckte kürzere Gedicht zum gleichen Thema der Einsegnung.[112]

Zur Einsegnung.

Keusch und rein wie weiße Blumen,
Die er in den Händen trägt,
Ist des jungen Menschen Seele,
Die sich Gott zu Füßen legt,
Die den Segen aus der Höhe
Heute gnadenfroh empfängt,
Während heiß ihr tiefstes Sehnen
Sich empor zum Lichte drängt.

Daß die junge reine Seele,
Welche noch kein Erdjoch drückt,
Nicht vom rauhen Schicksalssturme
Werd' gebrochen und geknickt,
Dazu wollst du Gnade geben,
Gott und Vater in der Höh'!
Jede sturmgeknickte Blüte
Bringt auch dir nur bittres Weh.

Gar nicht so feierlich klingt das erste bislang unveröffentlichte Weihnachtsgedicht[113] - es sprüht vor Lichterglanz und Freude auf das Weihnachtsfest, es singt und klingt in festfrohen Herzen, es jubeln und jauchzen himmlische Chöre, es winken und blinken die Sterne. Durch geschickte Wortwahl und passenden Versrhythmus erzeugt Mia Meyer ein weihnachtliches Feuerwerk, das am Ende auch auf die Menschen überspringt.

Weihnachten.

Es grünet die Tanne.
Es flammen die Kerzen.
Es singet und klinget
In festfrohen Herzen:
Ehre sei Gott in der Höhe!

Die Glocken frohlocken.
Und himmlische Chöre
Jubeln und jauchzen:
Dem Herren sei Ehre!
Und Friede, Friede auf Erden!

Es schimmern und flimmern
Die funkelnden Sterne.
Sie winken und blinken
Aus leuchtender Ferne:
Und den Menschen ein Wohlgefallen!

Bei dir und bei mir
Will es Weihnachten werden.
Ja, Ehre sei Gott
Und Friede auf Erden
Und den Menschen ein Wohlgefallen.

Ganz anders, viel ruhiger und besinnlicher, ist das später entstandene Weihnachtsgedicht aus dem 2. Teil dieser Sammlung, das am Heiligen Abend 1934 im "Täglichen Kreisblatt" veröffentlicht wurde.[114]

Weihnachten

Nun geht ein leises Freuen
Durch unsre laute Welt,
Ein großes stilles Leuchten
Die Finsternis erhellt.

Der Heiland ist geboren
In stiller heilger Nacht,
Hat Liebe, Licht und Freude
In diese Welt gebracht.

Wir zünden ihm zu Ehren
Viel Tausend Kerzen an,
Damit auf Erden Friede
Und Weihnacht werden kann.

Noch weitere fünfmal beschäftigt sich Mia Meyer in ihren "Feierstundenträumereien" mit Weihnachten – einmal in einem sozialkritischen Gedicht "Weihnachtswünsche"[115] aus dem "Täglichen Kreisblatt" vom 21. Dezember 1932, das die unerfüllten Wünsche eines armen Kindes vor einem mit Spielzeug reich dekorierten Schaufenster schildert. Aus dem gleichen Krisenjahr stammt auch ihr kleines Gedicht "Friede auf Erden",[116] in dem die Glocken dazu aufrufen, das Streiten zu lassen, damit es Friede auf Erden werden könne. Und in einer undatierten Erzählung "Weihnachten im Walde"[117] trauern die Tannenbäume im Wald zunächst ihren jetzt reich geschmückten Artgenossen in den Städten nach, bis der Schnee auch ihnen zu Weihnachten ein idyllisches Winterkleid anlegt. Unter dem Titel "Heilige Nacht"[118] gibt es zwei Gedichte - ein langes, das bereits im Jahr 1926 im "Täglichen Kreisblatt" erschienen ist, und ein bislang ungedrucktes offenbar aus den dreißiger Jahren, in dem der Heilige Geist in Schloss und Hütten dringt und Arm und Reich in dieser Stunde gleich macht. Diese Terminologie und Gedanken sind durchaus typisch für die politische Auseinandersetzung der frühen dreißiger Jahre.

Heilige Nacht

Heil'ge Nacht, in Schloß und Hütten
Dringt dein heller Firnenschein,
Zaubert in die härtsten Augen
Einen weichen Glanz hinein.

Sprengt die festverrammten Türen,
Klingt geheimste Saiten an,
Spielt die schönsten Kinderweisen,
Schlägt die Welt in Freudenbann.

Baut aus Liebe eine Brücke
Zwischen Erd' und Himmelreich.
Arme, Reiche, hoch und niedrig
Sind in dieser Stunde gleich.

Gottes Sohn ist Mensch geworden,
Hat die Finsternis erhellt.
Heil'ge Nacht! Die Glocken künden:
Friede! Freude aller Welt!

Zählt man noch die vier Adventsgedichte dieser Sammlung hinzu, dann ist die Advents- und Weihnachtszeit die für Mia Meyer literarisch ergiebigste Zeit der christlichen Feiertage. Die Gedichte "Advent" und Adventszeit"[119] hatte sie bereits 1926 und 1929 im "Täglichen Kreisblatt" veröffentlicht. Im 2. Teil der Sammlung stehen ein neues Gedicht mit dem gedruckten Titel "Adventliche Zeit", den sie handschriftlich abändert in "Advent", und ein weiteres neues Gedicht unter dem schon bekannten Titel "Adventszeit",[120] das auf der folgenden Seite wiedergegeben ist.

Adventszeit.

Mit den ersten weichen Flocken,
Mit dem Klang der Schlittenglocken
Kommt die Freude auf die Erde,
Daß Advent es wieder werde.

Bei dem warmen Licht der Kerzen
Schleicht sie leise in die Herzen
Und erweckt die Weihnachtslieder
Dort zu neuem Leben wieder.

Sie erlösen unsre Tage
Von der grauen Alltagsplage
Und beschwingen unsre Seelen,
Sich der Freude zu vermählen.

Doch wo ist sie denn geblieben?
Haben wir sie gar vertrieben? — —
Tief im Wald, im Tannenwipfel
Flattern ihre bunten Zipfel.

Und ein hoffnungsvolles Ahnen
Lockt uns auf die gleichen Bahnen.
Bei verschneiten Tannenbäumen
Läßt sich gut vom Christkind träumen.

Außer Weihnachten ist nur noch Ostern mit Karfreitag als christlicher Feiertag so oft von Mia Meyer literarisch gestaltet worden. Das Gedicht "Karfreitag"[121] ist bereits 1927 im "Täglichen Kreisblatt" gedruckt worden. In ihm fragt sie sich, warum es denn geschehen musste, dass Gottes Sohn wegen der Sünden der Menschen ans Kreuz geschlagen wurde, aber durch ihre eigenen dunklen Tränenschleier leuchtet die Hoffnung auf Ostern.
Dagegen bezieht sie das im 2. Teil der Sammlung nochmals gedruckte Gedicht "Karfreitagsgedanken"[122] von 1933 direkt auf sich und ihren Partner und vergleicht die Leiden Christi mit den ungleich kleineren Beschwernissen des eigenen Lebens.

Karfreitagsgedanken.

Gottes Sohn am Kreuzesstamm.
O du allergrößte Pein! —
Deine Not und meine Qual
Sind daneben blaß und klein.

Gottes Sohn voll Spott und Hohn.
O du allertiefste Schmach! —
Dich und mich macht Haß und Neid,
Lärm und Uebermut schon schwach.

Gottes Sohn verzagt und matt.
O du allerrohster Schlag! —
Du und ich sind schon bedrückt,
Wenn ein wenig grau der Tag.

Gottes Sohn gestorben, tot.
O du allerhärtste Not! —
Wie wird's mir und dir ergehn,
Wenn die letzte Stunde droht?

Anscheinend direkten Bezug darauf nimmt das bereits Ostern 1933 im "Täglichen Kreisblatt" veröffentlichte Gedicht "Osterfreude".[123]

Osterfreude.

Steigt empor, ihr Lobgesänge!
Und ihr Freudenfeuer loht!
Heute ist zum Licht erstanden,
Was Karfreitag starr und tot.

Ostern! — Welche Segensfülle
Dieses eine Wort umschließt!
Ostern! — Und ein Strom der Freude
Sich in unser Sein ergießt.

Hisse deinen Hoffnungswimpel,
Der du schwach bist und verzagt,
Denn den Tod kann nur bezwingen,
Wer es mit dem Leben wagt.

Und du, Strom der Freude, rausche,
Brause jauchzend durch das Tal,
Bis wir alle mit dir singen
Osterfroh den Lichtchoral!

Hier wird an Ostern das als lebendig besungen, was Karfreitag starr und tot war. Ausgangspunkt dieses religiösen Gedichts ist das Karfreitags-Geschehen, das durch die Auferstehung an Ostern überwunden wird. Nur wer es mit dem Leben wagt, kann auch den Tod bezwingen.

Dagegen sind die übrigen drei Ostergedichte aus den Jahren 1927, 1929 und 1932 mehr Beschreibungen der wieder erblühenden Natur als Symbol für die Auferstehung an Ostern.[124]

Ostern

Auf jungen Weidenkätzchen harft
Der Lenzwind süß und leise.
Die Amsel singt im Lindenbaum
Die allertrautste Weise.

Kokett die Anemonen sich
Auf schlanken Stengeln wiegen.
Die Schmetterlinge frühlingstoll
Von Blüt' zu Blüte fliegen.

Es sonnen sich die Tausendschön
Im kurzen Teppichrasen.
Und auf dem Saatfeld tummeln sich
Die jungen Märzenhasen.

Da weiß ich, daß es Ostern ist
Und jauchze mit den Glocken,
Die „Auferstehen! Auferstehen!"
Durch alle Welt frohlocken.

Das letzte große christliche Fest im Jahr ist Pfingsten, und ihm hat Mia Meyer in ihrer Sammlung drei Gedichte unterschiedlichen Charakters aus den Jahren 1927, 1928 und 1929 gewidmet. Das Gedicht "Pfingsten"[125] aus dem Jahr 1927 ist eine reine Beschreibung der blühenden Natur, die erst in der letzten Strophe einen Bezug zu Pfingsten herstellt. Das gleichnamige Gedicht[126] ein Jahr später erscheint dagegen mehr wie ein frohes Liebesgedicht: Das Glück pocht an die Herzenstür, und die Sehnsucht schlägt vertrauensvoll eine Brücke von Dir zu mir. Am Ende möchte sie mit tausend Zungen der Welt verkünden, dass heute Pfingsten ist und der Himmel die Erde warm umschlungen hält.

Der religiöse Bezug findet sich eindeutig in dem spätesten der Gedichte aus dem Jahr 1929.[127] Ausgangspunkt ist hier Gottes Geist, der auf die Erde hernieder steigt, dadurch die Natur zu neuem Leben erweckt und dem zu Ehren die Menschen Fenster und Türen mit frischem Maiengrün schmücken, damit er auch bei ihnen Einkehr hält.

Pfingsten.

Mit den roten Morgenwolken
Steigt hernieder auf die Erde
Gottes Geist, der große gute,
Daß es frohe Pfingsten werde.

Seinem goldnen Licht entgegen
Dehnen wir uns mit Verlangen,
Um den holden Friedensboten
Froh und gläubig zu empfangen.

Junge Quellen sprudeln heiter,
Wollen jauchzend ihn begrüßen.
Tausend bunte Blumenkinder
Möchten ihm zu Füßen sprießen.

In den blühenden Kastanien
Vögelchöre jubilieren.
Und mit maiengrünen Birken
Schmücken Fenster wir und Türen.

Aber wird er Einkehr halten?
Bringt er Freude mit und Segen?
Wird Geleite er uns geben
Auf verstaubten Wanderwegen?

Doch wir wollen nicht mehr fragen.
Glauben wollen wir, nur glauben.
Pfingsten! Pfingsten! Und kein Zweifel
Soll uns seinen Segen rauben.

Dem Totensonntag hat Mia Meyer in ihrer Sammlung insgesamt fünf Gedichte gewidmet. Zwei wurden bereits im Herbst 1926 gedruckt und tragen die Titel "Totensonntag" und "Die letzten späten Blumen"[128] und werden von ihr jetzt zusammen auf einer Seite wiedergegeben.

Die letzten späten Blumen.

Die letzten späten Blumen,
Die mir der Sommer gab,
Will inniglich ich streuen
Dir auf dein frühes Grab.

Sie sollen leis dir sagen,
Wie ich so lieb dich hab,
Die letzten späten Blumen,
Die mir der Sommer gab. —

Als du die ersten Blüten
Des Lenzes mir gebracht,
Hab ich aus frohem Herzen
So hoffnungsjung gelacht.

An Scheiden, Tod und Meiden
Hab ich noch nicht gedacht,
Als du die ersten frühen
Lenzblumen mir gebracht.

Gerade im Gedicht "Die letzten späten Blumen", das vom Titel her zunächst keinen direkten Bezug zu Tod und Totensonntag hat, findet Mia Meyer einen sehr innigen Ton der Trauer um einen offenbar von ihr sehr geliebten früh Verstorbenen. Die beiden anderen undatierten und unveröffentlichten Gedichte "Zum Totensonntag" und "Zum Totenfeste"[129] sind dagegen mehr konventionelle Klagen um die lieben Verstorbenen, das Mahnen an das eigene Ende und die Hoffnung auf ein Wiedersehen mit den in den Tod Vorangegangenen. Das im November 1933 im "Täglichen Kreisblatt" veröffentlichte Gedicht "Gedanken zum Totensonntag"[130] weicht von diesem Schema ab, indem es von der herbstlichen Naturbeschreibung ausgehend den sterblichen Menschen ermahnt, nicht nur um die Toten zu klagen, sondern sein Schiff rechtzeitig in den sicheren Hafen zu lenken.

Gedanken zum Totensonntag.

Welkes Laub auf Weg und Steg.
Kahl und grau die Wälder.
Dunkle Nebelschwaden ziehn
Ueber öde Felder.

Alles predigt vom Vergehn,
Redet vom Verderben
Und ermahnet dich und mich
An das eig'ne Sterben.

Wandrer sind wir allzumal
Zwischen Staub und Sternen.
Ziel und Zukunft liegen weit
In den fernsten Fernen.

Und der Tag der Toten mahnt:
Mensch, bedenk dein Ende!
Halte Einkehr bei dir selbst!
Falte still die Hände!

Klage nicht so laut und viel!
Laß die Toten schlafen!
Aber lenke deinen Kahn
Sicher in den Hafen!

54

Der Herbst ist aber nicht nur die Zeit des Gedenkens an die Toten, sondern es ist auch die Zeit des Dankes am Erntedanktag. Mia Meyer als Kind vom Lande hat diesem Tag viele Gedichte gewidmet, aber in die Sammlung "Feierabendträumereien" hat sie nur eines aufgenommen vom September 1933 und es "Tag des Dankes"[131] genannt.

Tag des Dankes.

Saat und Ernte, Frost und Hitze,
Sommer, Winter, Tag und Nacht,
Einer ist's, der uns zum Segen,
Uns zum Heile sie gemacht.

Und wenn sorgenvoll wir baten:
Gib uns unser täglich Brot!
Wehrte er mit güt'gen Händen
Längst dem Hunger und der Not.

Ob wir's gleich auch nicht verdienten,
Seine treue Vaterhand
Ruhte schützend über allem,
Segnete das ganze Land.

Eine reiche Ernte schenkte
Er in Gnaden dir und mir.
Sie in unsre Scheuern sammeln
Durften voller Freude wir.

Heute laßt uns Dank ihm sagen
Frisch und frei mit Herz und Mund,
Doch mit gebefrohen Händen
Jeden Tag und jede Stund!

Es ist ein religiöser Erntedank. Auch wenn Gott nicht ausdrücklich genannt wird, ist er es, der Saat und Ernte, das Wetter und die Jahreszeiten gemacht hat, seine Hand segnend über das ganze Land hält und eine reiche Ernte schenkt. Ihm allein ist Dank zu sagen frisch und frei mit Herz und Mund. Wüsste man nicht um die Affinität Mia Meyers zum Nationalsozialismus in den Anfangsjahren aus ihren Veröffentlichungen im "Täglichen Kreisblatt" und im "Kreis-Kalender", könnte man daraus eine Absage herauslesen gegenüber den nationalsozialistischen Bestrebungen, im gleichen Jahr zum ersten Mal aus dem christlichen Erntedanktag den "Tag des deutschen Bauern" auf dem Bückeberg unter nationalsozialistischer Führung zu machen. Vielleicht ist es ja gerade dieser Spagat zwischen politischer Nähe zum Nationalsozialismus und tiefer religiöser Überzeugung gewesen, den sie am Ende nicht mehr aushalten konnte und der sie nach 1935 in der Öffentlichkeit verstummen lies.

Der Herbst ist überhaupt für Mia Meyer immer wieder ein dankbares Motiv – ob es um die reiche Ernte geht, ein letztes Aufblühen der Blumen vor dem Winter oder die bedrohlichen Nebel und Herbststürme. Immer wird die Naturschilderung nicht um ihrer selbst willen vorgenommen, sondern sie weist über das Bild hinaus auf etwas Allgemeingültiges. Dem Herbst widmet sie eine undatierte vierseitige Erzählung „Der Herbst"[132], in der sie von ihrer Begegnung mit dem Herbst als Maler berichtet, der überall das Laub bunt einfärbt. Dann aber versiegt seine Kraft, und es kommen Sturm, Regen und Frost. Zunächst aber ist der Herbst der große Maler und Zauberer, der die Natur noch einmal in bunte Farben taucht wie im undatierten „Herbstlied".[133]

Herbstlied.

Fortgezogen sind die Schwalben
Und die Herbstzeitlose blüht.
Und mein Asternbeet im Garten
In den tiefsten Farben glüht.

Ebereschenbeeren leuchten.
Ueber Stoppeln weht der Wind
Und die warmen Sommernächte
Lange schon vergessen sind.

Heimwehkrank sehnt eine Rose
Sich nach Glück und Sommerduft,
Und ein Falter gaukelt einsam,
Tränenschwer in blauer Luft.

Doch der Herbstwald schimmert, flimmert,
Leuchtet, lockt und jauchzt und lacht.
Ahnt er nicht, daß bald zu Ende
Seiner Schönheit bunte Pracht?

———

Den Herbst als Zeit der blassen Blumen und des Abschieds schildert sie in einem kleinen Gedicht aus dem Jahr 1927:[134]

Blasse Blumen.

Die blassen Blumen, die du heut
Zum Abschied mir gepflückt,
Sie haben warm und inniglich
Mein müdes Herz beglückt.

Wohl weiß ich, daß sie morgen schon
Verwelkt, gestorben sind,
Und daß ich sie beim Morgenrot
Entblättert wiederfind'.

Es ist ja Herbst und Sterbenszeit.
Und dennoch haben heut
Die kleinen blassen Blümelein
Mein müdes Herz erfreut.

Nicht nur die verblühenden Blumen erinnern an den Abschied, sondern noch mehr das fallende Laub. Es mahnt an Verwelken, Tod und Vergehen, wie sie in dem 1934 in Kreis-Kalender veröffentlichten Gedicht „Fallendes Laub"[135] schreibt.

Fallendes Laub

Fallendes Laub!
Es mahnt mich ans Scheiden,
Spricht vom Verwelken, von Tod und Vergehn.
Fallendes Laub!
Wie kurz war der Sommer!
Kurz ist das Leben. Doch ach! es ist schön.

Fallendes Laub!
Ich will ja nicht weinen,
Will nicht beklagen, daß bald so wie dich,
Fallendes Laub,
Vom Baume wird lösen
Sturmwind und Sonne auch mich — ja auch mich.

So kurz wie der Sommer ist das Leben, aber es ist schön, und darum gibt es auch keinen Grund zum Klagen. Schließlich aber geht der Herbst über in den November, und dichte Nebel umschließen das schweigende Land, in dem es scheinbar keine Hoffnung mehr gibt, wie Mia Meyer in dem Gedicht von 1926 schreibt.[136]

Nebelgraue Tage.

Nebelgraue Tage,
Bang und schwermutsvoll.
Tief im Herzen trage
Ich so dumpfen Groll.

Euer ernstes Schweigen
Jede Hoffnung raubt.
Auch die Bäume neigen
Schmerzbewegt das Haupt.

Von den dunklen Fichten
Trän' um Träne rinnt.
Sommertagsgeschichten
Längst vergessen sind.

Und selbst von den Sternen
Dringt kein Licht herab.
's bleibt in blauen Fernen. —
Gähnt dort nicht ein Grab?

Letzte Rose.

Der letzten Rose dunkelrote Blätter,
Die gestern noch so tief geglüht,
Sie liegen jetzt zu meinen Füßen,
Entseelt, verwelket, ausgeblüht.

Sag an, wird jetzt der Winter kommen,
Nachdem die letzte Rose starb,
Die letzte dunkelrote Rose,
Um die der Herbst so glühend warb?

Schon spinnen Nebelfrauen Schleier.
Schon singt der Sturm den Totensang.
Kurz war dein Leben, letzte Rose.
Lang ist der Winter, lang und bang.

Doch fürchte nichts! Nach Wintertagen
Ein neuer Lenzesmorgen lacht.
Und unter weichen Sonnenküssen
Dein Herz zu neuem Glück erwacht.

Die letzte verblühte Rose kündigt endgültig den kommenden Winter an, aber nach dem Winter kommt ein neuer Frühling.[137] Über fünfzehn Texte dieser Sammlung haben den Herbst oder die Herbstmonate zum Thema, darunter zwei Erzählungen. Es folgt die Beschreibung des Winters, und den Übergang vom Herbst zum Winter hat Mia Meyer in ihrer Sammlung dadurch gestaltet, dass sie sowohl das Gedicht „November"[138] als auch das Gedicht „Noch ein paar kurze Tage"[139] auf eine Seite platziert hat. Das erste Gedicht ist undatiert, das zweite Gedicht ist von 1930.

November.

November. Und die kahlen Bäume starren
Wie dürre Besen in das Nebelgrau.
Die Sonne hält sich tagelang verschleiert
Und schmollt wie eine schlechtgelaunte Frau.

Die Rosenknospe, die im Schutz der Hecke
Bescheiden hoffte auf ein kurzes Glück,
Verfault, vermodert, denn es gönnt der Himmel
Zum Aufblühn ihr nicht einen warmen Blick.

Der Tod regiert in Feld und Wald und Garten.
Ich fliehe ihn und such' im Hause Schutz.
Tod, Moder, Tränen, Nebel, Sturm und Wetter,
Ich bin daheim und biet' euch allen Trutz!

Noch ein paar kurze Tage.

Es orgelt, brüllt und heult der Sturm.
Die Wetterfahne kreischt vom Turm
In hoffnungsloser Klage.
Mir ist so bang. — — Doch siehe gar:
Ein Tannenzweig! Und Engelshaar!
Noch ein paar kurze Tage,
Dann bricht mit hellem Kerzenschein
Das allerschönste Fest herein.
Noch ein paar kurze Tage!

Der erste Frost löscht die letzte Schönheit des ehemals bunten Gartens, und Mia Meyer sorgt sich, ob nicht auch ihre Liebe durch solch einen plötzlichen Frosteinbruch zerstört werden kann.[140]

Der erste Frost.

Als ich heute morgen
Durch den Garten ging,
Träne neben Träne
An den Zweigen hing.

Alle zarten Blumen
Standen tiefgeknickt.
Und die letzte Rose
Leidvoll um sich blickt.

Unser Gartenhäuschen,
Das sonst dicht belaubt,
Steht nun kahl und traurig
Seines Schmucks beraubt.

Ach ich möchte weinen,
Daß in einer Nacht
Alle Sommerschönheit
Ward zunicht gemacht.

Und mein Herz nur eines
Wünschet und begehrt,
Daß ein Reif nicht unser
Stilles Glück zerstört.

Allein acht Texte haben den Winter im Titel, davon ein "Wintermondenmärchen"[141] aus dem Jahr 1927, in dem der Mond einer allein durch den Winterwald streifenden Frau ein Märchen von der Nebelkönigin und dem Prinzen Raureif erzählt, und eine undatierte Erzählung "Winterfreuden"[142], in der Mia Meyer das winterliche Treiben auf dem Eis beobachtet und mit ihrer Jugend und der Zeit ihrer Großmutter vergleicht. Sie empfindet die Winterzeit als Glück, in der sie Zeit für sich selbst hat und sich in Erinnerungen ergehen kann. Im Gedicht

"Winterglück"[143] beschreibt sie das sehr stimmungsvoll.

Winterglück.

Lind und leise schweben
Aus der Himmelsferne
Zu uns Menschen nieder
Kleine weiße Sterne.

Hüllen unser Denken
Ein in weiße Schleier,
Stimmen uns're Seelen
Froh zu stiller Feier.

Wecken schöne Träume,
Längstvergess'ne Lieder,
Frohe Kinderweisen,
Alte Märchen wieder.

Alle Hast entschwindet,
Alle Not enteilet.
Stilles Glück im Herzen
Und im Hause weilet.

Denn die kleinen Sterne,
Kleine weiße Flocken,
Läuten heimlich leise
Uns're Seelenglocken.

———

Der Winter hüllt nicht nur das Denken in weiße Schleier und weckt schöne Träume und längst vergessene Lieder, er ist auch ein Künstler, der die Landschaft verzaubert, wie sie in diesem undatierten Gedicht[144] schreibt.

Winterzauber.

Blauer Himmel, klare Luft,
Frost und helle Sonne,
Blankes Eis und Glitzerschnee,
Welche Lust und Wonne!

Und ein eigner Zauber liegt
Ueber allen Dingen,
Ließen sich doch Lärm und Staub
Gar von ihm bezwingen.

Wer die Schönheit liebt und kennt,
Wird sie froh begrüßen
Und des Winters Glück und Reiz
Voller Dank genießen.

Mögen auch die Winterstürme ums Haus toben, ihre Zeit ist begrenzt, und nach jedem noch so strengen Winter kommt wieder ein Frühling, wie Mia Meyer es im Gedicht „Birkenbaum zur Winterszeit"[145] beschreibt, das 1927 erstmals im „Täglichen Kreisblatt" gedruckt wurde.

Birkenbaum zur Winterszeit.

Die schlanke Birke steht am Weg
So ganz allein und trauert.
Und wenn der Wind vorüberfegt,
Sie jäh zusammenschauert.

Sie denkt der holden Maienzeit,
Da sie im Schleierkleide
Noch ahnte nichts von Traurigkeit,
Von Not und Herzeleide.

Da sie konnt' mit dem Sonnenschein
Und mit den Winden kosen,
Die liebewarm sie hüllten ein
Im süßen Duft der Rosen.

Ja, Birkenbaum, der Lenz ist weit.
Doch darum nicht getrauert!
Die freudenarme Winterszeit
Ja nicht mehr lange dauert.

Einst kehrt der holde Lenz zurück,
Bringt Sonnenschein und Lieder
Und Rosenduft und Hochzeitsglück
Im Schleierkleid dir wieder.

Über ein Dutzend Gedichte der Sammlung "Feierstundenträumereien" hat Mia Meyer dem Frühling gewidmet. Es ist die Zeit des Neubeginns nicht nur in der Natur, sondern auch im Menschen, und so verbindet sie Naturbeschreibungen oft direkt oder indirekt mit eigenen seelischen Zuständen. An den Anfang ihrer Sammlung hat sie ein Frühlingsgedicht gestellt mit dem einfachen Titel "Frühling".[146] Es war bereits 1926 im "Täglichen Kreisblatt" und 1929 im "Kreis-Kalender" veröffentlicht worden und zählt zweifellos zu den schönsten Gedichten Mia Meyers. Es ist ein frohes und beschwingtes Frühlingsgedicht, und der Rhythmus des Gedichts spiegelt geradezu den Tanz in den Frühling wider.

Frühling.

Kam der junge Lenz gegangen,
Blütenkranz im goldnen Haar,
Purpurrosen auf den Wangen,
Augen hell und sonnenklar.

Streute aus mit vollen Händen
Blütenflocken, junges Grün.
Sprach: „Das Blühen soll nicht enden
Bis ich werd' von dannen ziehn."

Froher alle Quellen rauschten.
Goldner war der Sonnenglanz.
Glückbewegt die Winde rauschten,
Spielten auf zum Maientanz.

Spielten auch auf meinen Saiten
Wundersame Melodien.
Und in frühlingsjungem Schreiten
Tanzt' ich in den Lenz hinein.

Der Gang über die Frühlingswiesen mit den sprudelnden Quellen regt auch die Quellen im Herzen des Menschen an, seine Wünsche wachsen und er begrüßt wieder laut jauchzend das Leben – das ist Frühling für Mia Meyer.[147]

Frühlingsgang.

Ich geh durch grüne Lenzeswiesen,
Wo viele tausend Blumen sprießen,
Wo frühlingsjung die Quelle rauscht.
Und als mein Herz begierig lauscht,
Da sprudeln auch in ihm die Quellen
Und blumengleich die Wünsche schwellen,
Welt jauchzend sie das Leben grüßt,
Da weiß ich, daß es Frühling ist.

Natürlich führt ein Gang im Frühling sie auch zu ihrem geliebten Scharmützelsee, von Fontane das "Märkische Meer" genannt. Auf einer

Seite vereinigt sie die beiden Gedichte "Frühling am Märkischen Meer" und "Der Frühling ruft".[148] Das erste Gedicht ist bereits 1931 im „Täglichen Kreisblatt" und 1933 im Kreis-Kalender erschienen, das zweite ist undatiert. Hier verdeutlicht sie noch einmal, wie die Naturbeobachtung dem Menschen einerseits innere Ruhe verschafft, andererseits der Frühling ihn aber auch zu neuen Aktivitäten und zum Abladen des alltäglichen Ballastes einlädt.

Frühling am Märkischen Meer.

Scharmützelsee. Ein leichtgewellter Spiegel
Die Wolkenstreifen werfen Schatten drauf.
Frau Sonne drückt ihr glutentiefes Siegel
Mit leichtem Kuß den flinken Wellen auf.

Sie blinken auf, und trinken's voller Freude,
Und tragen's tänzelnd bis ans grüne Land.
Dort plaudern sie ein Weilchen mit der Weide
Von Lenz und Sonne und von Meer und Sand.

Und dicht daneben in der grünen Krone
Der schlanken Lärche sich die Amsel wiegt.
Sie singt ein Lied sich selbst zu Lust und Lohne
Vom Junker Frühling, der da kommt und siegt.

Der Platz am Stein. Verwittert ist der Alte
Der graue Findling — Zeuge harter Zeit.
Und huscht nicht doch um die durchfurchte Falte
Der hohen Stirn ein Lächeln das befreit?

Still blaut der See, wie seine tiefsten Träume.
Und lächelnd gibt er ein Geheimnis kund.
Die knorrig-alten, jungbelaubten Bäume
Verkünden's weiter in der ganzen Rund:

Der junge Frühling hat uns heut gesegnet
Uns alle am und im Scharmützelsee.
Drum kommt herbei! Und wenn ihr ihm begegnet
Wird Blütenschnee das allertiefste Weh.

Der Frühling ruft.

Der Frühling klopft mit gold'nen Fingern
Voll Uebermut an jedes Haus:
„Ihr Nörgler und ihr Sorgenspinner,
Kommt ganz geschwind zu mir heraus!

Wir wollen durch die Wälder streifen,
Die sich mit jungem Grün geschmückt.
Wir wollen durch die Wiesen wandern,
Die dicht mit Tausendschön bestickt.

Den Lerchenliedern woll'n wir lauschen,
Dem Froschgesang, dem Kiebitzschrei
Und dem Geplauder eines Baches,
Der lustig springt an uns vorbei.

Wir wollen auf die Berge steigen
Und fröhlich in die Weite sehn.
Das Schwergepäck der alten Sorgen
Fällt von uns ab. — Wie schön! Wie schön!"

Sie beobachtet auch die jungen Mädchen, die hell gekleidet im Frühling schlendern und lachen, und weil sie den Frühling im Blut haben, sind sie von aller Erdenlast befreit.[149]

Junge Mädchen im Frühling

Die jungen Mädchen gehn in hellen Kleidern
Beschwingt und lenzesselig Arm in Arm.
Sie lachen ins Gesicht den grauen Neidern.
Den ältsten Griesgram wird dabei ganz warm.

Sie merken nichts von all den bangen Sorgen,
Die jeder Werktag im Gefolge hat.
Sie brauchen nicht bei fremdem Glück zu borgen
Und werden an dem eig'nen Lachen satt.

Das macht, es hat der Frühling Glück und Gaben
Aus seinem Füllhorn über sie gestreut.
Und weil sie ihn in ihrem Blute haben,
Sind sie von aller Erdenlast befreit.

Dabei ist die Natur im Frühling aber nicht immer lieblich und frisch, sondern sie kann für den Menschen durchaus auch bedrohliche Züge annehmen, wie Mia Meyer es in der Moorlandschaft der Spree rund um Beeskow erlebt und im Gedicht "Frühlingsabend im Luch"[150] wiedergibt.

Frühlingsabend im Luch

Schwer sinkt die Nacht vom Himmelsdom hernieder.
Verklungen sind die letzten Drossellieder.
Des Mondes Sichel geistert hinter Bäumen,
Die groß und ernst das schwarze Luch besäumen.

Der alten Eule dumpfes Wehklagen
Klingt waldherüber wie ein banges Fragen.
Die Bekassinen meckern. Unken höhnen.
Die Frösche quarren. Alte Weiden stöhnen.

Unheimlich gurgelt's in den Gräbentiefen,
Die schmutzigtrüb den Frühlingstag verschliefen.
Den Rain entlang sperr'n ihre dunklen Rachen
Begierig auf die schwarzen Wasserlachen.

In düsterdichten Erlenkuscheln raunen
Die Nachtkobolde und Gespensterfaunen
Von Tod und Liebe, von verborg'nen Schätzen,
Indessen Nebelfrau'n vorüberhetzen.

Der Sommer ist natürlich die Zeit der blühenden Gärten und Wegränder, der goldenen Kornfelder, der heißen Mittagssonne und gegen Ende die Zeit der Ernte. Als Kind vom Lande kennt sie alle diese Seiten des Sommers, und als erwachsene Frau bringt sie in Beeskow diese Aspekte zu Papier.

Drei Gedichte zu den Tageszeiten Morgen, Mittag und Abend eines Sommertages[151] sollen ihre Sommergedichte eröffnen. Das Morgen- und das Abendgedicht hatte Mia Meyer bereits im Sommer 1930 im „Täglichen Kreisblatt" veröffentlicht. Sie beschreibt das Glück eines Sommertages, dem man am Morgen entgegengehen muss, um ihn genießen zu können. Am Mittag folgt die stille Stunde der Mittagshitze, wo man am besten die Zeit einfach verrinnen lässt. Und am Abend glüht der Himmel im Abendrot, die Vögel singen noch einmal, Abendglocken läuten, und Mia Meyer fühlt sich in ihrem Garten mit ihrem Partner wie in einem Märchenland, das andere noch suchen. Eine große Zufriedenheit mit sich und ihrer Umgebung spricht aus diesen drei Gedichten.

Sommermorgen.

Mit bloßen Füßen wandert er
Durch Wiesen, Wald und Felder.
Hier wogt und wiegt das Aehrenmeer.
Dort segnen ihn die Wälder.

Die Lerche jauchzt im Himmelblau.
Die Sonne tanzt vor Freude.
Sie spiegelt sich im Perlentau
An Gras und Halm und Heide.

Laßt uns dem Tag entgegen gehn,
Ihn morgenfroh begrüßen!
Wie ist er doch so wunderschön!
Laßt uns dies Glück genießen!

Sommermittag.

Die Sonne spinnt ein weißes Licht.
Die blassen Rosen träumen.
Der Wind vergißt die ernste Pflicht
Und schläft in alten Bäumen.

Libellenspiel in Rohr und Ried.
Still ruht der See im Grunde.
Ganz zart verklingt das Grillenlied.
Es naht die stille Stunde.

Wir schweigen mit. Das Glück ist nah.
Mag auch die Zeit verrinnen,
Wir sehn die Sonnenkinder ja
Am Netz der Freude spinnen.

Sommerabend.

Der Himmel glüht. Der Wolkenrand
Schmückt sich mit goldnen Säumen.
Es sinkt herab ein blaues Band.
Die Welt ist reif zum Träumen.

Noch einmal übt der Vögelchor.
Die Abendglocken klingen.
Im Osten klimmt der Mond empor.
Duft liegt auf allen Dingen.

Wir beide gehen Hand in Hand
Noch einmal durch den Garten.
Sind wir nicht schon im Märchenland,
Auf das die andern warten?

Wie zur Ergänzung der Tageszeiten-Gedichte beschreibt sie 1934 schwärmerisch eine Juni-Nacht, in der sie inmitten duftender Rosen und singender Nachtigallen die Erde als Paradies und Gottes Schöpfung empfindet.

Juninacht.

Die Erde ist ein Paradies.
Die Rosen duften schwer und süß.
Die Nachtigallen schlagen.
Die Luft ist lau und lind und klar.
Die Quelle singt so wunderbar
Von jungen Schöpfungstagen.

Ich lausche ihren Melodei'n
Und horche still in mich hinein.
Das Glück läßt mich erschauern.
Wenn Ihr es jetzt nicht fühlt und wißt,
Daß Gott stets um und in uns ist,
Kann ich Euch nur bedauern.

In diese schwärmerische Sommerstimmung passt auch ihr Gedicht „Ginsterblüte" [152] aus dem Jahr 1934, wo sie sich inmitten des blühenden Ginsters unter dem weiten Himmelsdom wie im Himmel fühlt.

Ginsterblüte.

Der Ginster blüht. Komm, laß uns hier verweilen!
Hier wird der tiefste Menschheitstraum erfüllt.
Und dem, der glaubt, wird wunderbarerweise
Der heiße Hunger nach dem Gold gestillt.

Leg' dich hinein in diese goldnen Büsche
Und atme ihren erdhaft-herben Duft!
Die Hummeln läuten und die Grillen zirpen.
Die Schwalben zwitschern und der Kuckuck ruft.

Die Abendwolken tragen rote Röckchen.
Der Himmelsdom blaut hoch und königlich.
Der Ginster blüht. — Bist du noch auf der Erde?
Mir ist zumut als wär' im Himmel ich.

Die Ernte beendet den Sommer und leitet in den Herbst über. Aber Ernte bedeutet hier nicht der Schnitter Tod und das Ende, sondern Vollendung und Segen, um Not und Hunger zu stillen.[153]

Ernte.

Die Sonne brennt. Die Erde glüht.
Das Korn ist reif zum Schneiden.
Die Sichel singt ihr Sterbelied
Vom Scheiden und vom Meiden.

Wie Lockruf klingt ein froher Ton
Durch diese ernste Weise.
Die schweren Aehren nicken schon
Und rüsten sich zur Reise.

Was schiert der scharfe Schnitt sie noch?
Sie dürfen sich erfüllen,
Zum Segen werden noch und noch
Und Not und Hunger stillen.

Die Zeit der Ernte ist natürlich eine Zeit des Abschieds vom Sommer, und Mia Meyer blickt im Gedicht „Korn in Aehren"[154] aus dem Jahr 1926 zurück auf ein kurzes seliges Jahr, das sie in Liebe mit ihrem Partner verbunden hat. Was aber ist davon geblieben?

Korn in Aehren.

Wenns Korn in goldnen Aehren steht,
Mein Herz die alten Wege geht,
Zurück zu jenen Stunden,
Da Liebe uns verbunden.

Wie glühend schön der Sommer war
Und ach wie kurz das sel'ge Jahr,
Da unsre beiden Seelen
Sich taten eng vermählen.

Entschwunden ist der schöne Traum.
Die Grille zirpt am Kornfeldsaum:
Was ist von Deinem Lieben,
Feinsmägblein, noch geblieben?

Mia Meyers Themen sind nicht nur die christlichen Feiertage oder die Jahreszeiten, sondern es ist ebenso die Natur wie die Menschen in ihren verschiedenen Aspekten. Das reicht in der Natur von Schilderungen der Blumen, Bäume, Wälder und Felder und immer wieder der Seen, und bei den Menschen sind es Junge und Alte, Verwandte und Freunde, Sieger und Außenseiter. Sie zeigt immer Mitgefühl, kann sich aber auch über Aufschneider lustig machen. Was sie nie beschreibt, das sind ausweglose Situationen oder bösartige Menschen. Irgendwo versucht sie immer wieder, das Positive zu entdecken, wie sie in dem folgenden undatierten Gedicht[155] gewissermaßen als Motto ihrer gesamten literarischen Arbeit schreibt:

Ich möchte . . . .

Ich möchte Freude in den Alltag tragen
Und möcht' ein froher Weggenosse sein
All denen, die in grauen Wandertagen
Vergessen lernten, sich so recht zu freun.

Und denen allen, die im Schatten leben,
Die hungrig sind nach Licht und Sonnenschein,
Möcht' neue Hoffnung ich und Glauben geben,
Möcht' Wegbereiter ich zum Lichte sein.

O großer Gott, erhöre doch mein Flehen:
Gib mir den frohen Mut, die frische Kraft,
Wenn alle zaudern, still voranzugehen,
Und segne gütig diese Pilgerschaft!

So ermuntert sie gleich am Anfang ihrer Textsammlung auf Seite 5 in zwei frühen Gedichten „Irgendwann" und „An allen Wegen" aus dem Jahr 1926 ihre Leser, immer daran zu denken, dass irgendwo doch die Sonne scheint, deren Strahlen irgendwann auch das Herz treffen werden, selbst wenn es im Augenblick im Innern noch dunkel ist. Auf allen Lebenswegen blühen Blumen – und wenn es nicht die stolzen Rosen sind, so sind es doch die bescheidenen Veilchen als Schönheitsgrüße zur Freude im Alltag.[156] Aus dem gleichen Jahr ist ihr Gedicht „Mein Seelenflug",[157] in dem sie sich fragt, ob ihre Seele überhaupt noch in die Weiten der Träume fliegen wie in Kindertagen und die Sorgen des Alltags besiegen kann.

> Doch kann ich's noch? Kann meine Seel' noch fliegen?
> Kann sonnengleich den Alltag sie besiegen?
> Kann sie noch träumen wie in Kindertagen?
> Kann sie noch glauben ohne viel zu fragen?
>
> Ja, ja sie kann's noch, kann noch lichtwärts fliegen
> Und wird auch über allem Kleinkram siegen,
> Wird jungfroh lachen, helle Lieder singen,
> Wird Sonntagsglauben in den Alltag bringen.

Am Ende spricht sie sich selber Mut zu und bejaht ihre Fähigkeit zum Träumen.

Ähnlich optimistisch begrüßt sie im Gedicht „An den Morgen"[158] aus dem gleichen Jahr den neuen Tag, der alle Sorgen der Nacht vergessen lässt und neuen Mut zu frischen Taten bringt.

An den Morgen.

> Sei gegrüßet, junger Morgen!
> Sei gegrüßt mit hellem Lied!
> Seh' ich dich, ein neues Hoffen
> Sonnenhell mein Herz durchzieht.
>
> Du bringst mit den Sonnenstrahlen
> Licht in uns're dunkle Nacht.
> Alle Schatten müssen weichen,
> Wenn dein helles Auge lacht.
>
> Neuen Mut zu neuem Schaffen
> Senkest du in uns're Brust,
> Neue Kraft zu neuem Lieben,
> Morgenfrische Lebenslust.
>
> Alte Sorgen sind vergessen.
> Altes Leid und alte Not,
> Alte Schmerzen gehen unter
> In dem jungen Morgenrot.
>
> Laß dich grüßen, junger Morgen,
> Freudenspender, Kräfteschmied,
> Grüßen dich mit lieben Worten,
> Frohen Augen, hellem Lied!

Was für sie „Lebenskunst"[159] ist, hat sie bereits 1926 im „Täglichen Kreisblatt" beschrieben, und dieses kleine Gedicht nimmt sie jetzt auch 1932 in ihre Sammlung auf. Es geht für sie darum, mit beiden Beinen im Leben zu stehen, nicht zu verzagen, das Gute vom Bösen zu unterscheiden und nicht nur etwas zu wollen, sondern es auch zu tun – eine durchaus handfeste und praktische Maxime.

Aber sie will nicht nur Lebensratschläge geben, sondern auch Freude spenden, um letztlich die Welt zu verbessern, wie sie es in diesem kleinen Gedicht vermutlich aus dem Jahr 1927 ausdrückt.[160]

Freude.

Freude weckt die guten Gaben,
Die so lang geschlummert haben,
Welche aber dir und mir
Sind das Lebenselixier.
Freude ist wie guter Sekt,
Der die Lebensgeister weckt,
Die in unsrer Seele Tiefen
Wie die Ungebor'nen schliefen.

Darum laßt uns ohne Zagen
Freude in den Alltag tragen
Allen Menschen, klein und groß,
Daß erfüllet werd' ihr Los
Und das Gute, welches tief,
Tief in ihrem Wesen schlief,
Froh erwache und die Erde
Immer schöner, besser werde.

Mit den Jahren werden ihre Hoffnungen und Ratschläge bescheidener, denn sie kann vor den vielen Widrigkeiten und Nöten rundherum die Augen nicht verschließen. So beschreibt sie 1934 in dem Gedicht „Wenn nicht", das 1935 im „Kreis-Kalender" veröffentlicht wird,[161] diese vielen Nichtigkeiten und den täglichen Kampf mit dem Kleinkram und rät, schon das Forträumen einiger Steine aus dem Weg als Glück zu empfinden.

Wenn nicht.

Wenn nicht die vielen Nichtigkeiten wären,
Die allen Dingen ihren Schimmer rauben,
Dann könnte leichter an das Glück man glauben
Und lebenslang von diesem Glauben zehren.
Tagtäglich fühl den Kampf ich neu entbrennen,
Den Nahkrieg mit dem Kleinkram dieser Tage.
Doch wenn ich mich nur tapfer mit ihm schlage,
Ist das nicht auch schon dann ein Glück zu nennen?
Denn Glück ist nicht, daß Wünsche sich erfüllen,
Daß immer breit und eben deine Pfade,
Nein, daß du Steine forträumst, das gerade
Kann deine Sehnsucht nach dem Glücke stillen.

Im Krisenjahr 1932/33 kann sie schließlich auch nicht mehr tun als raten, die Sorgen des Alltags nicht allzu wichtig zu nehmen, da andere noch viel größere Sorgen haben.[162] Ob für die von Arbeitslosigkeit Betroffenen oder politisch Verfolgten in dieser Situation der voranflatternde Wimpel Hoffnung und Trost war, darf wohl bezweifelt werden.

Für den Alltag

Nimm den Alltag nicht so wichtig!
Nimm die Sorgen nicht so schwer!
Andre tragen größ're Lasten,
Blick nur off'nen Aug's umher.
Deine Alltagskümmernisse
Doch nur kleinste Wellen sind,
Welche übermütig kräuselt
Sich zur Lust ein tück'sches Wind.
Brauchst nur fest am Steuer sitzen
Und zu lachen dann und wann.
Und die Hoffnung flattert lustig
Wie ein Wimpel dir vor*an*.

Aus der gleichen Zeit stammt das Gedicht „Nur nicht verzagen", in dem sie eine baldige Zeitenwende prophezeit.[163]

Nur nicht verzagen!

Ist die Zeit auch schwarz von Sorgen,
Unergründlich wie das Meer,
Lange währt die Nacht nicht mehr
Und dem Heute folgt ein Morgen.

Zage nicht! Die Dunkelheiten
Müssen weichen vor dem Licht
Und die Schatten können nicht
Uebers Sonnenall sich breiten.

Einmal hat die Not ein Ende.
Einmal wird's dir besser gehn,
Denn es gibt kein Stillestehn.
Einmal kommt die Zeitenwende.

Schließlich berichtet sie auch von schlaflosen Nächten, in denen die Gedanken wie Wehrwölfe durch den Kopf ziehen, und als Trost bleibt dann nur noch der Glaube an das göttliche Licht des nächsten Morgens.[164]

Schlaflose Nächte

In schlaflosen Nächten, wenn alles so stumm,
Gehn wilde Gedanken wie Wehrwölfe um.
Sie stürmen und jagen und drängen so heiß
Mit fletschenden Zähnen in Angst dich und Schweiß.

Und hast du in Aengsten und Sorgen verbracht,
Die lange, die bange, die schlaflose Nacht,
Gibt Trost dir am Morgen das göttliche Licht,
Das sieghaft das nächtliche Dunkel durchbricht.

Dieser Glaube an eine göttliche Ordnung, in der auch Leid und Elend ihren Platz haben, ist für Mia Meyer offenbar eine starke Stütze, die sie auch ihren Lesern in Zeiten der Not vermitteln möchte wie im Gedicht „Trost" im zweiten Teil ihrer Sammlung.[165]

Trost

Ueber allem Erdenleid
Wacht ein weiser Wille.
Darum trage, klage nicht,
Halt dem Höchsten stille!
Kannst du heute auch noch nicht
Zweck und Ziel verstehen,
Darfst du dennoch ganz getrost
Seine Wege gehen.
Nicht ein Sperling fällt vom Dach
Ohne seinen Willen.
Und auch aus dem tiefsten Leid
Läßt er Segen quillen.

Neben ihrem Glauben ist ihre Liebe zur Heimat eine feste Stütze für Mia Meyer in der damaligen Zeit. Ihre Hymnen an die neue Heimatstadt Beeskow mit der Spree und ihrer Moorlandschaft sowie an den Scharmützelsee – das „Märkische Meer" Theodor Fontanes - haben wir schon kennen gelernt. Menschen ohne Heimatbindung sind für sie arme Menschen.

Heimatkraft.

Ein Mensch, der keine Heimat hat,
Ist wie ein windverwehtes Blatt,
Ist wie ein zartes schwankes Rohr,
Das wurzelschwach den Halt verlor.

Doch wenn ihm Gott die Liebe schenkt
Und seine Wurzelfasern senkt
In ihren Glaubensgrund hinein,
Wird nicht mehr heimatlos er sein.

Weil voll Vertrauen mit ihm geht
Ein einz'ger Mensch, der ihn versteht,
Empfängt er neue Heimatkraft,
Die Großes wirkt und Gutes schafft.

Nicht mehr ein windverwehtes Blatt,
Das weder Rast noch Ruhe hat:
Ein starker Baum, der wurzelfest
Von keinem Sturm sich knicken läßt.

Dieses Gedicht ist bereits 1927 im „Täglichen Kreisblatt" erschienen, und sie nimmt es in den ersten Band ihrer Textsammlung mit auf.[166] Aus der gleichen Zeit zwei Jahre nach ihrem Umzug von Beverbeck nach Beeskow stammt ihr Gedicht „Mark"[167] als Beschreibung ihrer neuen Heimat.

Mark.

Ernste Föhrenwälder
Krönen deine Höhen
Und in deinen Tälern
Träumen blaue Seen.

Wenn die warmen Winde
Kommen aus dem Süden,
Atmen Wald und Seen
Ruhevollen Frieden.

Auf den weichen Wellen,
Unter grünen Bäumen
Wiegen blaue Märchen
Sich in goldnen Träumen.

Doch wenn dunkle Wolken
Sich am Himmel türmen
Und die bösen Geister
Durch die Lüfte stürmen,

Singen deine Wälder
Wilde Kampfeslieder
Und die Wellen wogen
Jauchzend auf und nieder.

Märchenglück und Frieden,
Kampf und Urgewalten
Kraft- und weihespendend
Dich zum Land gestalten,

Das mit stolzer Freude
Mark und Heimat nennen,
Welche deiner Schönheit
Tiefen Sinn erkennen.

Bei aller romantischen Schilderung der Schönheiten einer Landschaft, die oftmals als „Märkische Streusandbüchse" verspottet wurde, bleibt doch eine gewisse Distanz spürbar, denn sie spricht nicht von *ihrer* Heimat, sondern von der Heimat derer, welche die Schönheiten der Mark erkennen können. Wie anders wirkt dagegen ihr Gedicht „Niedersachsen",[168] vermutlich aus dem Jahr 1928, auf ihre alte und wohl immer noch heimliche Heimat.

Niedersachsen.

Wo purpurrot die Heide träumet,
Wo Ginstergold die Wege säumet,
Wo silberklare Bächlein rinnen,
Wo Märchenfrauen Träume spinnen
An waldumhegten Heideteichen,
Wo stolze wurzelfeste Eichen
Auf weiten Bauernhöfen wachsen,
Dort ist mein Land, mein Niedersachsen.

Dort sind die Menschen treu und bieder,
Humordurchsonnt sind ihre Lieder,
In ihren hellen Augensternen
Träumt Azurblau der Himmelsfernen.
Zur Arbeit frisch, fromm zum Gebete,
Bezwingen sie des Lebens Nöte.
Vor keinem Menschen sie sich beugen
Und nur vor Gott die Stirn sie neigen.

Mein Heimatland, mein Niedersachsen,
Wohl dir, daß Menschen in dir wachsen,
Die wie die sturmerprobten Eichen
Vor keiner Schicksalstücke weichen
Und dennoch unter Blütenbäumen
So gern von Glück und Liebe träumen,
So gern entfliehen in Sehnsuchtsweiten,
Wenn rote Heideglöckchen läuten.

Auffällig ist, dass Mia Meyer in ihre „Feierstundenträumereien" auch im zweiten Teil keine politischen Texte mit direktem Bezug zum Nationalsozialismus aus den Jahren von 1933 bis 1935 aufnimmt, die sie zur gleichen Zeit im „Täglichen Kreisblatt" und im „Kreis-Kalender Beeskow - Storkow" veröffentlicht hat. Offensichtlich hat sie bei der Auswahl der Texte für einen Privatdruck freie Hand gehabt und ihre Texte nach literarischer Qualität und nicht nach politischer Opportunität auswählen können. Zwar übernimmt sie aus dem Jahr 1932 die beiden im „Täglichen Kreisblatt" veröffentlichten Gedichte „Zur Deutschen Woche" und „Eines nicht"[169] in ihre Sammlung, aber diese beiden Gedichte spiegeln eine damals sehr verbreitete konservative politische Grundstimmung wider.

In diese Rubrik gehört auch ihr undatiertes vor 1932 entstandenes Märchen „Deutsche Seele (Seelchen)."[170] Hier geht es um einen stolzen Eichenbaum, unter dem in Friedenstagen ein blondes Mädchen Blumenkränze flicht, bis dann böse Kobolde und Geister über die Eiche herfallen, trotz aller Gegenwehr ihre Krone zerstören und das blonde Mädchen an den Stamm mit Ketten fesseln, wo es stumm leidet und betet.

> Und was das Seelchen wohl beten mag? An was es wohl denkt?
> Ob es jener wunschlos fröhlichen Zeit gedenkt, deren blaue Erinnerungsschleier es noch immer umschlungen halten? Ob es träumt von kommenden herrlichen Tagen, wo der Eichbaum wieder grünen und wachsen, wo seine Rinde sich ausdehnen und jene Stricke, mit denen Seelchen jetzt noch gefesselt ist, zerreißen wird? Ob es betend seine tiefsten Wünsche ins Reich der lichten Ewigkeit hinaufträgt?
> Wer kann es sagen? — Eines aber ist gewiß. Einst wird auch für das leidgefesselte Seelchen ein Tag der Gnade und der Freiheit hereinbrechen: Morgenglanz der großen schönen Ewigkeit.

Natürlich klingt diese etwas plumpe Allegorie heute sehr bemüht und die Darstellung des 1. Weltkriegs und der Nachkriegszeit sehr einseitig – aber es entsprach den politischen Vorstellungen einer Mehrheit der Deutschen am Ende der Weimarer Republik und eben auch Mia Meyers.

Mia Meyer war keine Dichterin, die abgehoben im Poetenstübchen ihre Gedichte und Erzählungen konstruierte, sondern sie war eine Frau aus der bäuerlichen Bevölkerung, die trotz einklassiger Dorfschule eine besondere sprachliche Begabung entwickelte und eine große Sensibilität für die Empfindungen und Probleme einfacher Menschen hatte. Die Themen fielen ihr auf der Straße, bei der Haus- und Gartenarbeit oder im Familienkreis zu, die sie dann stichwortartig notierte und später am Feierabend ausarbeitete. Sie hat ihre Schriftstellerei nie als Broterwerb betrachtet, und es wird immer wieder betont, dass sie nie ein Honorar verlangt hat. Wenn dann doch Geld vom Zeitungsverlag hereinkam, wurde es dem Haushaltsgeld zugeschlagen.[171]

Insofern spiegelte Mia Meyer nicht nur in ihren Wünschen und Träumen, Befürchtungen und Ängsten, sondern auch in ihrer politischen Haltung durchaus die Erwartung einer Mehrheit der Deutschen am Ende der Weimarer Republik wider, die als Ausweg aus Arbeitslosigkeit, politischem Kampf und den Fesseln des Versailler Vertrages ihre Hoffnung auf die neue „Bewegung" der Nationalsozialisten setzte.

Mia Meyer war aber zugleich auch sehr religiös und hoffte anfangs wohl, beides miteinander verbinden zu können, zumal ja auch die Nationalsozialisten davon sprachen, dass die „Vorsehung" dem deutschen Volk Adolf Hitler als Führer gesandt habe und sie sich beim Konkordat mit der katholischen Kirche 1933 scheinbar kooperativ verhielten.[172] Offenbar hat sie sich aber im Jahr 1935 zwischen den beiden Polen ihres religiösen Glaubens und ihrer politischen Meinung entscheiden müssen. Es sind von ihr keine kritischen Urteile über den Nationalsozialismus schriftlich überliefert, und sie begrüßt in ihrem Brief an Frieda Harms aus dem Jahr 1936 ausdrücklich, dass jetzt von Staats wegen endlich etwas für die Kunst und Erforschung der Heimat getan werde.[173] Später arbeitet sie auch bei der Betreuung Verwundeter im Beeskower Lazarett mit und tritt mit ihrem Sohn Uwe dort bei Weihnachtsfeiern auf.[174] Aber ab 1936 gibt es in Beeskow von ihr keine neuen öffentlichen literarischen oder politischen Äußerungen mehr, und was sie schreibt, bleibt privat – vielleicht auch eine Art der inneren Emigration.

VII. Mia Meyers Lose- und Einzelblätter

Mitte der fünfziger Jahre hat Mia Meyer in Bienenbüttel nach Angaben ihres Sohnes Dr. Uwe Meyer eine Mappe "Lose Blätter" angelegt, in die sie bislang unveröffentlichte und nachträglich von ihr datierte Gedichte auch aus der Zeit vor 1945 aufnahm. Es handelte sich offenbar um Gedichte, die bislang zwar nicht in den Zeitungen Beeskows gedruckt oder von ihr in ihre Sammlungen „Een Mundvoll Platt" und „Feierstundenträumereien" aufgenommen worden waren, die sie aber irgendwie liebte und nicht in Vergessenheit geraten lassen wollte. Wir werden uns diese Mappe daraufhin ansehen, welche Texte aus der Beeskower Zeit bis 1945 in ihr enthalten sind.

Die Mappe umfasst insgesamt dreiundfünfzig Texte, wovon einundzwanzig nach 1945 in Bienenbüttel entstanden und drei undatiert sind. Gut die Hälfte der Texte stammt also aus der Beeskower Zeit Mia Meyers und neunzehn davon wiederum aus dem Zeitraum zwischen Dezember 1935 und Dezember 1944, als von Mia Meyer keine neuen Texte mehr in den Beeskower Zeitungen erschienen sind. Sie hat also weiterhin geschrieben, aber es wurde nichts mehr veröffentlicht – warum, wissen wir nicht. Auch die entstandenen Texte geben darauf keine näheren Hinweise bis vielleicht auf einen.

Am 11. Dezember 1935 verfasst sie das Gedicht „Segen der Krankheit"[175] Das Gedicht ist insofern ungewöhnlich, als sie sonst nie über Krankheit geschrieben und schon gar nicht geklagt hat. Hier aber wird sie von einer Krankheit gepackt, die offenbar lebensbedrohlich ist, so dass sie sich die Frage stellen muss, ob sie schon zum Sterben bereit sei. Sie ist ein Spielball des Fiebers, das an ihren Kräften zehrt und sie in einen Abgrund blicken lässt, bis dann eine starke Hand sie packt und vor dem Ertrinken rettet. Es ist die Hand Gottes, ohne dessen Willen kein Sperling vom Dach fällt.

Segen der Krankheit.

Wir eilen lachend durch die Erdentage.
Für Gott und Ewigkeit bleibt wenig Zeit.
Da packt uns Krankheit an und auch die Frage:
"Bist du zum Tod, zum Sterben schon bereit?"

Erschrecken, Angst, Furcht, Zweifel und Erstaunen.
Das Fieber zerrt und reißt an unsrer Kraft.
Du bist ein Spielball seiner schlimmen Launen
Und vor und neben dir ein Abgrund klafft.

Ein Fallen. Ein Im-Ozean-Versinken.
Doch plötzlich packt dich eine starke Hand
und reißt zurück, empor dich vom Ertrinken,
zeigt einen Spalt dir ins gelobte Land.

All deine Todesfurcht verblaßt im Stillen,
seit jene Hand dich fest umschlungen hält,
die Hand des Einen, ohne dessen Willen
auch nicht ein Sperling von dem Dache fällt.

11. 12. 35.

Im gleichen Monat schreibt sie noch zwei weitere religiöse Gedichte – eines am 1. Dezember mit dem Titel „Danke"[176] und später das Gedicht „Zum neuen Jahre".[177] Das Gedicht „Danke" ist ein reines Dankgedicht, in dem sie sich direkt an Gott wendet und ihm für seine Gnade und Güte dankt.

> Dank.
> Großer Gott, ich danke Dir,
> daß Du mir in meinem Leben
> soviel unverdientes Glück,
> soviel Freude hast gegeben.
> Unbekümmert habe ich
> jeden neuen Tag aufs neue
> hingenommen ohne Dank
> Deine Güte, Deine Treue.
> Und trotz allem hast du mir
> nie entzogen Deine Gnade.
> Großer Gott, ich danke Dir,
> daß Du segnest meine Pfade.
> 1.12.35.

Auch das Neujahrsgedicht vom Dezember 1935 unterscheidet sich deutlich von den Neujahrsgedichten der beiden Vorjahre mit den optimistischen Lobpreisungen Adolf Hitlers und seines Werks. Hier wird ein Freund angesprochen, der mit Angst und Zagen ins neue Jahr geht, weil er sich Sorgen macht, Not und Pein nicht bewältigen zu können. Zwar macht sie ihm Mut, dass er die Freude am Wegesrand, die Blumen am Fenster und die durch das Dunkel brechende Sonne sehen soll, aber die Hoffnung kommt diese Mal nicht von der Politik oder ihrem Führer, sondern es ist der alte Gott, der auch im neuen Jahr helfen wird. Gerade die Betonung des *alten* Gottes ist eine deutliche Abkehr Mia Meyers von den *neuen* politischen Göttern und eine eindeutige Rückwendung zu ihrem alten Glauben.

> Du brauchst dich nicht zu sorgen
> vor künftiger Last und Not,
> denn auch im neuen Jahre
> liebt uns der alte Gott.
>
> Dez. 1935.

Diese Häufung religiöser Gedichte im Dezember 1935 legt den Verdacht nahe, dass Mia Meyer tatsächlich im Herbst 1935 eine schwere Erkrankung durchgemacht und überstanden hat. Selbst ein Sommergedicht vom Juli 1935 heißt „Sommerliche Mahnung"[178] und klingt auch so. Die Schönheiten der Welt muss man rechtzeitig ergreifen und die Freuden genießen, denn die Herbststürme und der dunkle Winter kommen immer zu früh.

> Doch all diese Freuden durchpulst und durchklinget
> die ewige jubelnde Grundmelodie:
> Genießet! Genießet! Frohlocket und singet!
> Der lichtarme Winter kommt immer zu früh.
>
> Drum säume nicht lange und greif nach den Freuden,
> so lange der Himmel noch sommerlich blaut.
> Wenn Herbststürme brausen, mußt du dich bescheiden.
> Jetzt hilft es dir nimmer, wenn dir davor graut.
>
> 7.7.35.

Die meisten Texte stammen aus den Jahren 1935 und 1936, und viele haben einen religiösen Hintergrund wie auch das folgenden Gedicht zum Erntedank aus dem Jahr 1936,[179] das mit seinem deutlichen Hinweis auf Gott als Schöpfer und Versorger so gar nicht zum nationalsozialistischen Reichserntedankfest auf dem Bückeberg passt. Hier sind die ersten drei Strophen wiedergegeben.

> **Erntefest**
>
> Saat und Ernte, Frost und Hitze,
> Sommer, Winter, Tag und Nacht,
> Einer ist's, der uns zum Heile,
> uns zum Segen sie gemacht.
>
> Wenn wir sorgenvoll ihn bäten:
> „Gib uns unser täglich Brot!"
> wehrte er mit güt'gen Händen
> längst dem Hunger und der Not.
>
> Eine reiche Ernte schenkte
> er uns auch in diesem Jahr.
> Darum bringen wir auch heute
> recht von Herzen Dank ihm dar.

In einem weiteren Gedicht aus dem Jahr 1935 bittet sie darum, jeden von Gott geschenkten Tag still genießen zu können und reifer zu werden, damit sie erkennen kann, dass alle Wege Gottes zu den richtigen Türen führen.[180]

Reifer werden

Jeden Tag, den Gott mir schenkt,
will ich still genießen
und will seinen Segen tief
in mein Herze schließen.

Jeder Tag hat seine Lust,
jeder seine Sorgen.
In dem heut'gen muß ich mich
stärken schon für morgen.

Reifer werden! heißt das Ziel.
Alle Wege führen,
wenn es Gottes Wege sind,
zu den rechten Türen.

1935.

Mit dem Gedicht „Glaube",[181] ebenfalls von 1935, schließt Mia Meyer ihre in das Büchlein aufgenommenen Gedichte aus den Jahren 1935 und 1936 ab, in denen sie mit ihrem christlichen Glauben und ihrem Schicksal ringt. Nicht von den täglichen Sorgen unterkriegen lassen – das ist immer wieder ihre Mahnung an ihre Leser wie an sich selbst, dann wird man am Ende auch die bösen Mächte besiegt haben und oben als Sieger stehen. Wer die bösen Mächte sind, ist nicht näher definiert, aber auf jeden Fall muss sie sich bedroht gefühlt haben.

44

Glaube.

Und steilt mein Weg auch noch so sehr,
und drücket die Last auch noch so schwer,
ich will nicht unterliegen.
Nur wer sich vor dem Schicksal neigt
und müde seinen Rücken beugt,
den kann es unterkriegen.
Wer aber mit den Sorgen ringt,
die bösen Mächte niederzwingt,
wird einmal oben stehen
und wird von dort ins weite Land,
auf alles, das er überwand,
als Sieger runtersehen.

1935.

Noch einmal beklagt sie später in Dezember 1941 in dem Gedicht „Wanderschaft"[182] die Mühsal, wenn eine gemeinsame Wanderung auf holprigen und steilen Wanderwegen auch noch zusätzlich durch in den Weg geworfene Steine erschwert wird. Alle Wanderer seien müde, wollten aber dennoch ihr Ziel erreichen. Sie fragt, warum man nicht gemeinsam die Steine aus dem Wege räumen könne statt mit ihnen die Wege zu verbauen und Zeit zu vergeuden.

Wanderschaft

Weshalb werft Ihr Euch einander
auf den Weg die dicken Steine?
Sind nicht unsre Wanderwege
rauh und holprig von alleine?

Mühsam müssen wir uns alle
täglich, stündlich vorwärtsschleppen.
Jeder Aufstieg ist beschwerlich.
Nirgends gibt es glatte Treppen.

Müde Wandrer sind wir alle,
du und ich und unersgleichen.
Keiner ist schon ganz am Ziele,
aber jeder will's erreichen.

Statt die Wege zu verbauen,
und dabei die Zeit versäumen,
laßt uns für- und miteinander
Steine aus dem Wege räumen.

14.12.41.

Die übrigen Gedichte aus den frühen dreißiger Jahren beschäftigen sich mit der Natur, den Tages- und Jahreszeiten und ihrer neuen Heimat in und um Beeskow. So stellt sie die auch heute wieder imposant die Stadt überragende

Marienkirche vor, ohne sie ausdrücklich beim Namen zu nennen,[183] und sie beschreibt einen Abend an der Spree.[184]

Bis auf eines hat sie keine politischen Gedichte in das Büchlein aufgenommen. Aber auf dem Festabend der Landfrauen trägt Mia Meyer 1932 ein langes Gedicht[185] vor, in dem sie zunächst die Schönheit Deutschlands preist, dann aber schnell auf die allgemeine Not und die Wirtschaftskrise zu sprechen kommt. Sie fordert die Frauen auf, bevorzugt heimische Waren zu kaufen und ausländische Waren zu meiden und demonstriert dieses an vielen Beispielen vom Obst über die Butter bis zu Stoffen, Parfüms und Seifen, denn:

> Das Geld, das nicht ins Ausland fließt,
> hilft unserm Bauernstande,
> stärkt Handwerk, Handel, Industrie
> und wehrt der Not im Lande.
> Wie herrlich, wenn es aufwärts geht
> und jede Frau darf sagen:
> Ein kleines bißchen hab auch ich
> zum Aufbau beigetragen.

Ein Gedicht ähnlichen Inhalts, aber in kürzerer Form, hat Mia Meyer im November des gleichen Jahres im „Täglichen Kreisblatt" unter dem Titel „Zur Deutschen Woche" veröffentlicht, das im dortigen Kapitel auch abgedruckt und besprochen worden ist.

Die letzten Gedichte Mia Meyers aus Beeskow stammen aus den Kriegsjahren und haben einen wesentlich ernsteren Ton wie zum Beispiel das Gedicht „Heldengedenken"[186] aus dem Jahr 1943. Das Gedicht hat nichts gemein mit den Heldengedenkfeiern der Nationalsozialisten, die bei steigenden Opferzahlen immer pompöser wurden. Hier geht es in erster Linie um Trost für die direkt Betroffenen: die Mutter, die junge Frau und die Kinder. Ihnen ist nicht nur der Sohn, der Mann und der Vater im Krieg genommen worden, sondern sie müssen auch noch stark sein und für andere Lasten mit tragen. Hier die 1. Strophe:

> **Heldengedenken.**
>
> Du Mutter, dein Junge kommt nicht mehr zurück,
> Du kannst es nicht fassen noch glauben.
> Und du, junge Frau, du weinst um ein Glück
> das grausam der Krieg dir tat rauben.
> Ihr Kinder, Ihr Kleinen, ahnt Ihr, was gescheh'
> Wo ist Euer Vater geblieben?
> Vorm Feinde gefallen. – Und doch sind sie nah,
> im Geiste ganz nah ihren Lieben.

Im Dezember 1944 nimmt Mia Meyer noch einmal an den Advent- und Weihnachtsfeiern im Beeskower Lazarett teil und hat zwei Gedichte geschrieben, die ihr siebenjähriger Sohn Uwe aufsagt: „Vom Nikolaus" und „Grüße vom Weihnachtsmann"[187] In dem entsprechenden Zeitungsbericht über die Weihnachtsfeier wird sie allerdings nicht erwähnt, sondern nur die den Endsieg beschwörende Durchhalteansprache des Chefarztes.

Ihr letztes Gedicht in Beeskow ist dann das bereits zitierte „Vor Weihnachten 1944",[188] das aus guten Gründen nur handschriftlich und unveröffentlicht vorliegt, da seine Stimmung alles andere als optimistisch oder fröhlich ist. In der Endzeit der nationalsozialistischen Herrschaft, als jeder Zweifel schon als Defaitismus und Zersetzung der Wehrkraft interpretiert wurde, wäre Mia Meyer bei Bekanntwerden dieses Gedichtes sicherlich in die Fänge der Gestapo geraten. Gerade weil dieses Gedicht so deutlich auch ihren politischen Stimmungswandel von 1933 bis 1945 zeigt, soll es hier noch einmal zum Abschluss ihrer Beeskower Gedichte in voller Länge veröffentlicht werden.

Vor Weihnachten 1944.

Grau und dunkel sind Tage.
Kriegsnot lastet hart und schwer.
Und die große bange Frage
nach der Zukunft drückt uns sehr.

Doch das Fest der hellen Kerzen
wirft schon seinen Schein voraus,
trägt sein Licht in alle Herzen
und in jedes dunkle Haus.

Öffne freudig alle Türen!
Laß das Hoffnungslicht herein!
Bald wirst du den Segen spüren
und ganz zuversichtlich sein.

Einmal muß zur Wahrheit werden,
was der Weihnachtsgruß verspricht:
Friede! Frieden auf der Erden! —
Einmal endlich siegt das Licht.

Dez. 1944

Im Nachlass Mia Meyers finden sich noch weitere Texte auf Einzelblättern, die sie weder in den Zeitungen veröffentlicht noch in irgendeine ihrer Sammlungen aufgenommen hat. Es handelt sich meistens um Texte, die sie direkt ihren Eltern und Freunden gewidmet und die entweder noch in Beverbeck vor 1925 geschrieben und teilweise in dem entsprechenden Kapitel bereits behandelt worden sind oder um Texte, die sie nach 1925 aus Beeskow geschickt oder bei Familienfeiern in Beverbeck vorgetragen hat. Die ältesten Gedichte sind zwei aus dem Jahr 1922 in Beverbeck zum Totensonntag – ein plattdeutsches Gedicht „Totensonntag 1922" mit sechs Strophen und ein elfstrophiges hochdeutsches Gedicht „Zum Totensonntag 1922".[189]

Totensonntag 1922.

1. Feern, feern in Belgen der liggt een Graff
   Dor sleppt de Broder mien. –
   Wat mag det still an düssen Ort,
   Üm sienen Hügel sien! –

2. Hier in de Heimat sleit een Hett,
   Dat hört mien Mudder tou,
   Dat sehnt sick nah düt feerne Graff
   Woll immer – immertou.

3. Mien Mudders Hett, mien Bruders Graff
   Ganz unzertrennlich sind,
   Weil niemals lett de Mutterleev
   Alleen ehr leeves Kind. – –

4. Doch, Mudderhatt, wat grämst du di?
   Nich eensam is sien Graff.
   Uns Herrgott schickt vom Himmel her
   Sien Engel but heraff.

5. Se schmückt de Gräber wied un sied,
   De still un eensam liegt.
   Un över Dod un Truurigkeit
   De Leev vom Himmel siegt.

6. Un över alle Gräber ruiht
   De truue Vaderland,
   Se segnet ock uns feernes Graff
   In't fromme Belgenland.

In beiden Gedichten trauert Mia Meyer um ihren im Sommer 1918 in Flandern gefallenen Lieblingsbruder Alfred. Sie verlegt die Trauer in ihre Mutter, denn das Mutterherz und das Brudergrab sind unzertrennlich. Aber sie versucht auch gleichzeitig, die Mutter zu trösten, indem sie auf die Liebe des Himmels verweist, die über Tod und Traurigkeit siegt und auch das ferne Grab in Belgien segnet. In dem langen hochdeutschen Gedicht geht es nur um ihre Trauer zu ihrem Lieblingsbruder, dessen Grab sie am Totensonntag wegen der großen Entfernung nicht schmücken kann. Aber sie tröstet sich damit, dass statt der Blumen ihre Schwesterliebe um das Grab sein wird bis zum jüngsten Tag.
Zu den Totensonntagen hat Mia Meyer regelmäßig mit Gedichten ihres

gefallenen Bruders gedacht. 1926 schickt sie ihren Eltern aus Beeskow einen Brief, in dem sie anfragt, ob die Eltern wieder für Alfred am Gedenkstein auf dem Hof einen Kranz niederlegen. Sie wird auf jeden Fall mit ihrem Mann am Totensonntag in Beeskow zur Kirche gehen. Dem Brief fügt sie das Gedicht mit dem Titel „Totensonntag" bei, das sie später auch in ihre „Feierstundenträumereien" aufnimmt und das dort behandelt worden ist.

1927 schickt sie aus Beeskow, wahrscheinlich zusammen mit einem Brief, das Gedicht „Andacht"[190] an ihre Freundin Frieda Harms in Rieste, in deren Archiv es gefunden worden ist. Es ist ein sehr stimmungsvolles Gedicht, in dem sie mit Lauschen und rauschen, Gluten und bluten einen Feierabend beschreibt und das sie später auch in ihre „Feierstundenträumereien" aufnimmt. Als Beispiel folgt hier die erste von drei Strophen:

[handschriftliches Gedicht „Andacht"]

Dazwischen liegen auch plattdeutsche Texte zur Verlobung ihres Bruders Wilhelm mit Anna Meyer am 1. September 1927 und zum 70. Geburtstag ihres Vaters im Dezember 1935[191] in Beverbeck. Anfang März 1936 schreibt Mia Meyer einen langen Brief an Frieda Harms zu ihrem Geburtstag, der im Biographie-Kapitel abgedruckt ist und in dem sie ausführlich ihre

Aktivitäten in Beeskow schildert. Diesem Brief fügt sie eine ihrer vielen Aufmunterungen in Gedichtform bei als „Mahnung"[192] – im Entwurf hieß es noch „Kopp hoch!". Vielleicht hatte sie ja den Eindruck, dass es nötig sei.

Mahnung. ARCHIV HAUS RIESTE NR. 22/13

Wat lätst du hängen dinen Kopp
Un argerst di üm düt un dat,
Malst alles gries, süht alles swatt
Un lätst keen'n Sünnschien in din Hatt?

Richt doch mal dinen Kopp Hoch
Un kiek recht fründlich üm di her.
De Wischen grönt, de Blomen blöht.
Wie schön is det up düsse Eer!

De Sünnschien liggt up Weg un Steg,
Mókt alles warm, mókt alles licht.
Nu süht de Welt glieks annners ut.
Nu kiek, nu strahlt ok din Gesicht.

Wie hest dat sülben in de Hand,
Ob gries ünn Dag, ob hell, ob swatt.
De Butenwelt, de spegelt sick
In unser eegen Og un Hatt.

lu. lu.

148

Hier unter den Einzelblättern befindet sich auch das Manuskript von Mia Meyers einzigem Versuch, einen Roman zu schreiben. Am 20. April 1928 beginnt sie den Roman „Onkel Jürn – ein Heideroman"[193], bricht ihn aber nach achtzig Seiten ab und nimmt ihn nie wieder auf. Wahrscheinlich überstieg eine Romankomposition doch ihre Kräfte, deren Fähigkeiten mehr in der kleinen Form des Gedichts oder der Erzählung lagen.

Das letzte als Einzelblatt vorliegende datierte Gedicht aus der Zeit vor 1945 ist ein plattdeutsches Kriegsgedicht, in dem Mia Meyer einmal versucht, die tragische Situation eines Soldaten im Feindesland etwas versöhnlich zu schildern.[194] Der Mond stellt eine Verbindung her zwischen der Frau und dem Kind in der Heimat und dem Soldaten auf Wache im Feindesland, und er übermittelt die Grüße von der Heimat zur Front und zurück, genauso wie es zur gleichen Zeit in der Realität die deutschen Radiostationen mit ihren Wunschsendungen für die Millionen deutscher Soldaten europaweit tun mussten.

Up Wacht.

Ick stahn in Feindesland up Wacht.
Do kenn de ole Maand ganz sacht
un bröch mi eenen schönen Gruß
Von min lütt Fro un Kind to Hus.

Da hew ick seggt: „Gah flink na Hus
un bring jüm eenen söten Kuß.
Segg to min Leevsten in de Feern,
ick denk an jüm so väl un geern.
Wenn se sick sorgt, denn tröst' jüm sacht
un segg, ick holl för jüm de Wacht."
Do hett de Il so sachten grient,
hett blank un gäl in't Laff mi schient.

1943?

VIII. Mia Meyers „Zwischen Ostern und Pfingsten" 1933

Ostern 1933 ist Mia Meyer wie meistens zu den Feiertagen bei ihren Eltern und ihrem Bruder in Beverbeck. Auf der Rückreise nimmt sie ihren inzwischen gut dreieinhalbjährigen Neffen Werner mit nach Beeskow, wo er bis Pfingsten bleibt und dann mit seiner Tante wieder nach Beverbeck zurück reist. Diese Zeit und die Erlebnisse mit ihrem kleinen Neffen hält sie für ihre Schwägerin Anna maschinenschriftlich in einem kleinen Tagebuch von knapp dreißig Seiten fest und widmet es ihr.[195] Das Büchlein ist ein Unikat im Schaffen Mia Meyers und befindet sich im Privatbesitz von Renate Meyer, der noch immer auf dem Meyerschen Hof in Beverbeck lebenden Witwe des 2002 gestorbenen Werner Meyer.

Mia Meyer (links) 1933/34 in Beverbeck zusammen mit ihrer Schwägerin Anna und ihrem Neffen Werner (Bild aus Privatbesitz von Dr. Uwe Meyer)

Wie üblich haben die Eltern zunächst Bedenken, den kleinen Werner so lange bis Pfingsten allein bei Onkel und Tante in Beeskow zu lassen, aber Werner will es gerne, und so stimmen sie am Ende zu. Auf der Reise nach Beeskow interessieren Werner natürlich am meisten die vielen Eisenbahnzüge, aber Berlin, wo man nach Beeskow umsteigen muss, ist ihm zu groß und zu laut. Nur die Rolltreppe im Kaufhaus weckt seine Begeisterung und muss daher zweimal befahren werden. Den Rest der auch heute noch nicht sehr spannenden Bahnfahrt von Berlin nach Beeskow verschläft er.

In zweiunddreißig kurzen Geschichten berichtet Mia Meyer über die fünfzig Tage mit Werner zwischen Ostern und Pfingsten in Beeskow. Zunächst muss er sich zurecht finden und ist einerseits erstaunt, dass Oma und Opa aus Beverbeck auch in Beeskow zumindest als Fotografien vorhanden sind: „Die haben wir wohl mitgebracht."[196] Dann wundert er sich darüber, warum Tante Mi und Onkel Beeskow, wie er ihn ständig nennt, zwar eine Diele haben, aber keine Kühe und kein Land – der Unterschied zwischen Wohn- und Viehdiele scheint ihm zunächst unbegreiflich.[197] Und auch das Heimweh lässt natürlich nicht lange auf sich warten – doch bis Pfingsten sind Tante Mi und Onkel Beeskow seine Mama und sein Papa.[198]

Aber dann beginnt die Entdeckung der neuen Umgebung, und da interessiert ihn besonders der Kasernenhof des Reiterregiments, auf den er von der Schlafstube und seinem Bett aus offenbar direkt blicken kann. Da beobachtet er einen Leutnant – er nennt ihn „Neutlant" –, der allein reitet,[199] und ein anderes Mal interessiert ihn, ob Soldaten auch Kinder haben.[200] Die Gas- und Wasserleitungen im Haus erregen sein besonderes Interesse, denn so etwas kennt er aus Beverbeck nicht. „Wo kommt das Wasser her ?", „Wer pumpt das Wasser ?", „Wo kommt das Gas her ?" und „Wie kommt das Gas ins Haus ?" sind seine Fragen, und am Ende gräbt er mit seiner neuen Schaufel im Garten selber einen neuen Gasanschluss und ein Wasserbassin, das er „Kuseng" nennt.[201] Ob Mia Meyer dabei wohl auch an ihre eigenen Wortverdrehungen als kleine Mieke in „Hänge, dänge, dingschen" in den „Kinnerjohr'n" gedacht hat ? Der Wasserhahn im Garten hat es ihm besonders angetan – in der letzten Geschichte beschreibt Mia Meyer, wie

Werner diesen voll aufdreht und im Garten ein System von Flüssen und Seen anlegt, während sie mit Gästen im Haus ist. Sie schreibt dazu etwas wehmütig:[202]

> Zügen. Schuldbewusst aber auch gleichzeitig unschuldig stand der kleine Kerl vor uns. Onkel Beeskow und ich konnten beide nicht schelten, weil wir an die herrlichen Wasserpantschereien unserer eigenen Kinderjahre erinnert wurden. Wie selten nur geniesst man in späteren Lebensjahren so ungetrübte Freuden! - Ich habe nur schnell den Hahn zugedreht und bin mit unsern Gästen lachend durch den Garten gegangen.

Neu sind für Werner auch Boote, die er zunächst für Schlitten hält,[203] und Bootsfahrten auf der Spree. Durch den Beruf ihres Mannes können Mia Meyer und Werner des öfteren an dienstlichen Motorbootfahrten auf der Spree und dem Oder-Spree-Kanal teilnehmen. Dabei entdeckt Werner die Welt der Fischreiher und Störche, der Dampfer und Schleppkähne, und alle weidenden Kühe sind für ihn Kühe aus Beverbeck.[204]

Mit Spielgefährten hat Werner nur wenig Kontakt – er orientiert sich mehr an den Erwachsenen wie Frau Müller, der er Spargel bringt und dafür

Süßigkeiten erhält, oder Mias Ärztin, Frau Dr. Gardemin, die er gerne auf ihren Wegen begleitet, weil sie sonst so allein sei.[205] Seine Tante Mi scheint ihm völlig fehlende Spielgefährten zu ersetzen, denn sie erzählt ihm so oft Märchen, bis er sie selber erzählen kann und damit später sogar den von ihm sonst so gefürchteten Lehrer Tietzen beeindruckt.[206]

An Spielzeug mangelt es nicht in Beeskow, obwohl ja keine anderen Kinder im Haus sind. Von seiner Tante Mi erhält Werner zum Spielen Inflationsgeld, das er sogar mit nach Beverbeck nehmen und seinem Vater geben will, und sein Onkel schnitzt ihm ein Holzmesser, mit dem er in der Küche helfen und sich auch selber rasieren kann.[207] Und dann sind ja noch die vielen Türen im Haus, an denen man entweder schaukeln oder die man wie in Beverbeck kräftig zuschlagen kann trotz des Verbotes durch den Onkel. Aber der ist ja nicht immer zuhause und hört es nicht, versucht er seine Tante zu überreden.[208] Werner singt gerne und ausdauernd, so zum Beispiel „Kommt ein Vogel geflogen", wobei er gar nicht begreift, warum sein Onkel das nicht nachsingen kann und ihm am Ende vorwurfsvoll sagt: „Ne, Onkel Beeskow, so wird nicht gesingt.".[209]

Bedenklich wird es allerdings, wenn Mia Meyer völlig unbefangen berichtet, dass neben Kinderliedern das „Horst-Wessel-Lied"[210] Werners Lieblingslied ist. Dabei muss man bedenken, dass Werners Aufenthalt in Beeskow zwischen Mitte April und Anfang Juni 1933 stattfindet. Die Nationalsozialisten sind noch kein viertel Jahr an der Macht, und die offizielle Erhebung des „Horst-Wessel-Liedes" zum Anschlusslied an die 1. Strophe des „Deutschlandliedes" erfolgt durch den NS-Innenminister Frick erst im Juli 1933. Woher, wenn nicht schon von zuhause in Beverbeck, kennt ein dreieinhalbjähriger Junge Text und Melodie dieses Kampfliedes der Nationalsozialisten und den Hitlergruß ? Eine Hakenkreuzfahre ist in Beeskow dann auch gleich zur Hand für ihn.

> lieder. Aber „Die Fahne hoch" war sein Morgen-, Tag- und Abendgesang. Mit Begeisterung sang er das Lied immer wieder; er schwang dabei die Hakenkreuzfahne und grüsste die vorüberfahrenden Automobilisten mit dem Hitlergruss. Wenn er gar zu laut sang, er-

Werner schätzt offensichtlich auch die Resonanz bei den Nachbarn richtig ein. Denn diese Nachbarn lassen sich durch seinen lauten Gesang nicht

> stören. Sie freuten sich vielmehr über seine unbefangene Begeisterung. Das merkte der Schelm bald. Wenn er nun bei den Nachbarn etwas bestellen sollte, benutzte er nicht die Türglocke zur Anmeldung, sondern sang im Korridor hell und fröhlich das Horst-Wessel-Lied. Dass dafür die Belohnung nicht ausblieb, nahm er natürlich gern in Kauf. Wer möchte auch auf Obst Schokolade und Kuchen verzichten, wenn man es „verdient" hat und wenn es gern gegeben wird.

Diese recht offene Schilderung offenbart die damalige politische Haltung des konservativen Bürgertums sowohl auf dem Lande in Niedersachsen als auch in einer märkischen Kleinstadt wie Beeskow. Auf dieser Sympathiewelle konnte der Nationalsozialismus wachsen, bis es kein Zurück mehr gab. Man machte fröhlich mit in den ersten Jahren der NS-Herrschaft oder tat zumindest so, und die Kinder übernahmen diese Haltung von den erwachsenen Verwandten und Bekannten, die sie dafür auch noch belohnten.

Anfang Juni 1933 fährt Mia Meyer zu Pfingsten mit Werner, der eigentlich in Beeskow bleiben wollte,[211] wieder nach Beverbeck zurück und verbringt dort über vier Wochen ihren Sommerurlaub.

Zwölf Jahre später, im März 1945, wiederholt Mia Meyer diese Reise nach einem vergeblichen Versuch im Februar zum letzten Mal mit einem Kind, dieses Mal mit ihrem gut siebenjährigen Sohn Uwe. Jetzt aber ist die Reise keine Vergnügungsreise mehr zu den Verwandten und Freunden nach Beverbeck, sondern eine Flucht aus Beeskow vor der heranrückenden Roten Armee im Hagel alliierter Bomben, und sie wird mit ihrer Familie in Beverbeck und Bienenbüttel für den Rest ihres Lebens bleiben und nie mehr nach Beeskow zurückkehren. Erst ihr Sohn, Dr. Uwe Meyer, kann fast fünfzig Jahre später nach der deutschen Wiedervereinigung das Elternhaus und sein Geburtshaus in der Schützenstraße wieder in Besitz nehmen.

ANHANG

Für dieses Buch wurden von mir folgende Quellen benutzt, aus denen ich zitiert oder abgebildet habe:

Einzelblätter
Ungeordnete Einzelblätter von oder mit Mia Meyer aus der Zeit bis 1945 im Besitz ihres Sohnes Dr. Uwe Meyer in Braunschweig sowie in Kopie im Gemeindearchiv Bienenbüttel.

Tägliches Kreisblatt
Das „Tägliche Kreisblatt Beeskow – Storkow" befindet sich mit den Jahrgängen ab 1926 bis Kriegsende mit Texten Mia Meyers im Stadtarchiv Beeskow.

Kreis-Kalender
Vom „Kreis-Kalender Beeskow – Storkow" befinden sich die Jahrgänge von 1926 bis 1942 mit Texten Mia Meyers im Kreisarchiv Beeskow-Storkow in Beeskow sowie im Stadtarchiv Beeskow.

„Een Mundvull Platt"
Zu Weihnachten 1930 hat Mia Meyer für ihre Eltern eine Mappe mit dem Titel „Een Mundvull Platt von düt un dat" angelegt und diese später erweitert. Die Mappe befindet sich im Privatbesitz von Dr. Uwe Meyer in Braunschweig und in Kopie im Gemeindearchiv Bienenbüttel.

„Feierabendträumereien"
1932 hat Mia Meyer unter diesem Titel von ihr ausgewählte Texte „als Manuskript" in der Zeitungsdruckerei Knüppel & Haeseler in Beeskow drucken lassen und wahrscheinlich 1935 um einen zweiten Band erweitert. Beide Bände befinden sich im Besitz von Dr. Uwe Meyer und in Kopie im Gemeindearchiv Bienenbüttel.

„Zwischen Ostern und Pfingsten"
1933 hat Mia Meyer ein maschinenschriftliches Bändchen mit den Erlebnissen ihres Neffen Werner in Beeskow ihrer Schwägerin Anna in Beverbeck geschenkt. Das Original befindet sich im Besitz von Renate Meyer in Bienenbüttel, OT. Beverbeck, und in Kopie im Gemeindearchiv Bienenbüttel.

„Lose Blätter"
Mitte der fünfziger Jahre hat Mia Meyer in Bienenbüttel eine Mappe mit diesem Titel angelegt, in die sie ungedruckte, aber für sie wichtige Texte auch aus der Zeit vor 1945 aufnahm und datierte. Die Mappe ist im Privatbesitz von Dr. Uwe Meyer in Braunschweig und in Kopie im Gemeindearchiv Bienenbüttel.

Nr.	G./E.	Nach Datum sortiert: Mia Meyer: Einzelblätter	entstanden	Texte EB	in EB	Datei EB	EB
		Handschriftliche Manuskripte	Seite:	1	2	3	4
1	Zeugnis	Zeugnis Gewerbeschule für Mädchen Hamburg	1920	059			
2	Gedicht	Totensonntag 1922	1922	002	003		
3	Gedicht	Zum Totensonntag 1922	1922	004	005		
4	Gedicht	Liebe Frieda, sei nicht bös	10.12.1922	006			
5	Gedicht	Sonn´entgegen!	29.03.1923	007	008		
6	Erzählg.	Totensonntag	23.11.1924	009	010	011	
10	Gedicht	De erste Schouldag	05.1925	037			
		Dir, liebe Frieda ... (Sammelmappe)	05.1925	012			
7	Gedicht	An allen Wegen	1925	040			
8	Erzählg.	Das Mauerblümchen	1925	021	022	023	024
9	Gedicht	Dat Malöhr	1925	035	036	037	
11	Erzählg.	Der Morgen	1925	013	014	015	
12	Erzählg.	Die Annemone	1925	015			
13	Erzählg.	Gold	1925	031	032	033	
14	Gedicht	Lindenhochzeit	1925	033	034	035	
15	Gedicht	Noch nicht	1925	040			
16	Gedicht	Pätzmann	1925	039			
17	Gedicht	Sehnsucht	1925	041			
18	Erzählg.	Sommernachtstraum	1925	016	019		
19	Gedicht	Träume	1925	013			
20	Erzählg.	Von den heimlichen Kronen	1925	019	020		
21	Erzählg.	Wie das Glück aussieht	1925	025	026	027	028
22	Erzählg.	Wintermondenmärchen	1925	029	030	031	
23	Gedicht	Wurzelfest	1925	035			
24	Gedicht	Totensonntag + Brief	11.1926	042			
26	Gedicht	Karfreitag	1927	045			
25	Gedicht	Andacht	04.1927	044			
25a	Gedicht	Zur Verlobung	10.09.1927	065			
27	Roman	Onkel Jürn	20.04.1928	046	047		
28	Gedicht	Mutter	31.05.1929	048			

		Nach Datum sortiert:		Texte	in	Datei	

Nr.	G./E.	Mia Meyer: Einzelblätter	entstanden	EB	EB	EB	EB
28a	Gedicht	Konfirmation	18.12.1930	067			
29	Gedicht	Der Kalender spricht	31.08.1932	049			
30	Erzählg.	Zwischen Ostern und Pfingsten -	1933	OuP			
		Was der kleine Werner aus der Lüneburger					
		Heide in Beeskow erlebt hat					
31	Gedicht	Adventszeit	01.12.1935	050			
31a	Gedicht	De Baas	11.12.1935	060			
48	Gedicht	Leewskummer	11.12.1935	051			
31b	Gedicht	To Vadders 70. Geburtstag.	21.12.1935	062			
32	Gedicht	De Flieger	22.12.1935	051			
33	Gedicht	Mahnung + Brief an Frieda Harms	1935 / 1936	052	053	054	
33b	Gedicht	De Verlewte.	24.02.1936	064			
33c	Gedicht	Kopp hoch !	24.02.1936	063			
33a	Gedicht	Sneeflocken	24.02.1936	068			
34	Gedicht	Heimat	16.03.1936	057			
34a	Gedicht	Up Wacht.	1943 ?	069			

	Mia Meyer		in:		Nach Datum sortiert: Kreisblatt Beeskow-Storkow		Texte in
		Nr.	Beilage	Seite	Ged/Erz	Titel	Datei TKB
1926							
13.04.26		85		4	Gedicht	„Frühling"	020
20.04.26		91		3	Gedicht	„Irgendwann"	026
07.05.26		106		3	Gedicht	„An den Morgen"	027
15.05.26		112		3	Gedicht	„An allen Wegen"	029
19.05.26		115	Beilage	2	Gedicht	„Frau Arbeit"	031
25.05.26		119		3	Gedicht	„Um die Pfingstzeit"	030
27.05.26		121		3	Gedicht	„Liebe"	032
01.06.26		125		3	Gedicht	„Harte Worte"	033
17.06.26		139		3	Gedicht	„Lindenhochzeit"	034
03.07.26		153	Beilage	2	Gedicht	„Was das Blümlein mir erzählt hat"	035
12.07.26		160		3	Gedicht	„Kleine wilde Rosen"	036
15.07.26		163		3	Gedicht	„Rosen – Dornen, Liebe – Leid"	037
17.07.26		165		3	Gedicht	„Korn in Aehren"	038
21.07.26		168		3	Gedicht	„Vom Kornfeld"	039

Datum	Nr.	Beilage	Seite	Ged/Erz	Titel	Datei TKB
03.08.26	179		3	Gedicht	„Allein"	040
14.08.26	189	Beilage	2	Gedicht	„Am Ufer"	041
04.09.26	267	Beilage	2	Gedicht	„Mein Seelenflug"	042
07.09.26	209		4	Gedicht	„Schicksal"	043
09.09.26	211		3	Gedicht	„Erinnerungen"	044
15.09.26	216		4	Gedicht	„Kleine Freuden"	045
21.09.26	221		4	Gedicht	„Lebenskunst"	046
25.09.26	225	Beilage	2	Gedicht	„Sonntagmorgen"	047
02.10.26	231	Beilage	2	Gedicht	„Letzte Rose"	048
07.10.26	235		4	Gedicht	„Herbstwanderung"	049
09.10.26	237	Beilage	2	Gedicht	„Herbst"	050
03.11.26	258		4	Gedicht	„Nebelgraue Tage"	051
04.11.26	259	Beilage	1	Gedicht	„Im Nebel"	052
08.11.26	262		3	Gedicht	„Zwischen Morgen und Abend"	053
09.11.26	263		4	Gedicht	„Schweigt mir still ..."	054
16.11.26	269	Beilage	1	Gedicht	„Die letzten späten Blumen"	055
20.11.26	272		3	Gedicht	„Totensonntag"	056
25.11.26	276		3	Gedicht	„Träume"	057
					Nach Datum sortiert:	
	Mia Meyer		in:		**Kreisblatt Beeskow-Storkow**	Texte in
	Nr.	Beilage	Seite	Ged/Erz	Titel	Datei TKB
27.11.26	278	Beilage	2	Gedicht	„Advent"	058
07.12.26	286	Beilage	1	Gedicht	„Sturm"	059
24.12.26	301		1	Gedicht	„Es grünet die Tanne"	061
24.12.26	301	Beilage	1	Erzählung	„Klein Lotti und die Schneeflocke"	062
24.12.26	301	Beilage	2	Gedicht	„Heilige Nacht"	063
31.12.26	306	Beilage	1	Gedicht	„Jahresende"	064
1927						
3.1.27	1		3	Gedicht	„Scheidelied"	065
7.1.27	5		3	Gedicht	„Birkenbaum zur Winterszeit"	066
8.1.27	6	Beilage	2	Erzählung	„Wintermondenmärchen"	067
19.1.27	15		4	Gedicht	„Feierabend"	068
22.1.27	18	Beilage	2	Gedicht	„Die rechten Waffen"	069
26.1.27	21		4	Gedicht	„Wintermorgen"	070
5.2.27	30	Beilage	2	Gedicht	„Zeit und Ewigkeit"	071
12.2.27	36	Beilage	2	Gedicht	„Das Mahnen meiner Ahnen"	072
19.2.27	42	Beilage	2	Gedicht	„Frage"	073
26.2.27	48	Beilage	2	Gedicht	„Vorfrühling"	021
8.3.27	56		3	Gedicht	„Schneeglöckchen und Buchfinken"	022
21.3.27	67		3	Gedicht	„Weidenkätzchen"	074

Datum	Nr.	Beilage	Seite	Ged/Erz	Titel	Datei TKB
24.3.27	70		3	Gedicht	„Mahnung"	075
26.3.27	72	Beilage	2	Gedicht	„Sehnsucht"	076
2.4.27	78	Beilage	2	Gedicht	„Zur Einsegnung"	077
8.4.27	83		3	Gedicht	„Blauveilchen"	078
9.4.27	84	Beilage	2	Gedicht	„Andacht"	079
14.4.27	88		3	Gedicht	„Karfreitag"	080
16.4.27	89		1	Gedicht	„Ostern"	081
30.4.27	100	Beilage	2	Gedicht	„Tragik"	082
6.5.27	105		3	Gedicht	„Zigeunerlos"	083
11.5.27	109		1	Gedicht	„Die Ahnungslose"	084
13.5.27	111	Beilage	1	Erzählung	„Der Bach erzählt"	085
16.5.27	113		3	Gedicht	„Es war einmal"	086
21.5.27	118	Beilage	2	Gedicht	„Frühlingsgottesdienst"	087
4.6.27	129		2	Gedicht	„Pfingsten"	088
4./ 5..6.27	129	Beilage	2	Erzählung	„Wie das Glück aussieht"	092

Nach Datum sortiert:

	Mia Meyer	in:			**Kreisblatt Beeskow-Storkow**	Texte in
	Nr.	Beilage	Seite	Ged/Erz	Titel	Datei TKB
9.7.27	158		1	Gedicht	„Schloß Bahrensdorf - einst und jetzt"	091
15.7.27	163		3	Gedicht	„Die Nachtigall"	093
23.7.27	170	Beilage	2	Gedicht	„Im Erlenbach"	094
6.8.27	182	Beilage	2	Gedicht	„Ernte"	095
13.8.27	188	Beilage	2	Erzählung	„Sommernachtstraum"	097
22.8.27	195		4	Gedicht	„Die heimlichen Kronen"	098
23.8.27	196		4	Gedicht	„Freude und Leid"	099
27.8.27	200	Beilage	2	Gedicht	„Heimatkraft"	100
10.10.27	273		3	Gedicht	„Seemannsbraut"	102
15.10.27	242		3	Gedicht	„Blasse Blumen"	103
18.10.27	244		4	Gedicht	„Morgenglück"	106
21.10.27	247	Beilage	2	Gedicht	„Herbsttag am Dorfsee"	111
27.10.27	252		3	Gedicht	„Jahrmarkt"	112
13.12.27	291	Beilage	2	Gedicht	„Das Lachen"	123
16.12.27	294	Beilage	2	Erzählung	„Warum der Mond nicht immer rund ist"	124
20.12.27	297		3	Gedicht	„Ewig"	131
27.12.27	302		3	Gedicht	„ Kindergespräch"	136
29.12.27	304		4	Gedicht	„Es gibt Tage ..."	140
1928						
19.4.28	92		3	Gedicht	„Der Säemann"	227
26.5.28	123		1	Gedicht	„Pfingsten"	228
30.5.28	125		3	Gedicht	„Warum Sperlinge nicht sparen"	229

1.8.28	179		3	Gedicht	„Alte Wege"	143
7.8.28	184		4	Gedicht	„Abendgebet"	145
23.8.28	198		3	Gedicht	„Abend am Weiher"	146
1929						
14.1.29	11		4	Gedicht	„Wintersturm"	147
20.3.29	67		3	Gedicht	„Nur eine Kleinigkeit"	151
26.3.29	72		3	Gedicht	„Frühlingsahnen"	152
30.3.29	75		1	Gedicht	„Ostern"	155
2.4.29	76		3	Gedicht	„Kindheitsstätten"	156
18.5.29	115		1	Gedicht	„Pfingsten"	157
21.5.29	116		4	Gedicht	„Frühlingsabend im Luch"	159
23.5.29	118		4	Gedicht	„Erste Liebe"	160
					Nach Datum sortiert:	
	Mia Meyer		in:		**Kreisblatt Beeskow-Storkow**	Texte in
	Nr.	Beilage	Seite	Ged/Erz	Titel	Datei TKB
25.7.29	172		3	Gedicht	„Prinzessin Veilchen und der Laubfrosch"	163
12.8.29	187		4	Gedicht	„Sommerglück"	164
13.8.29	188		4	Gedicht	„Abend im Moor"	166
15.8.29	191		4	Gedicht	„Götterneid"	167
22.8.29	196		4	Gedicht	„Kinderfest"	168
2.12.29	282		3	Gedicht	„Adventszeit"	170
31.12.29	305		1	Gedicht	„Silvestergedanken"	171
1930						
22.2.30	45		2	Gedicht	„Schlaflose Nächte"	172
26.2.30	48		3	Gedicht	„Erste Stare"	174
7.4.30	82		4	Gedicht	„Lenzmorgen"	175
17.7.30	165		4	Gedicht	„Sommermorgen"	177
21.7.30	168		4	Gedicht	„Wanderlied"	179
5.8.30	181		4	Gedicht	„Sommerabend"	180
13.10.30	240		4	Gedicht	„Oktobertag"	181
20.12.30	298		2	Gedicht	„Noch ein paar kurze Tage"	182
1931						
10.4.31	83		3	Gedicht	„Frühlingshoffnung"	183
23.5.31	119		2	Gedicht	„Frühling am Märkischen Meer"	189
1932						
20.3.32	72		1	Gedicht	„Ostermorgen"	184
1.11.32	257		1	Gedicht	„Zur `Deutschen Woche´1932"	185
28.11.32	279		4	Gedicht	„Zwei Wege"	186
5.12.32	285		3	Gedicht	„Advent"	187
21.12.32	299		3	Gedicht	„Weihnachtswünsche"	188

Datum	Nr.	Beilage	Seite	Ged/Erz	Titel	Texte in Datei TKB
24.12.32	302		1	Gedicht	„Friede auf Erden"	191
31.12.32	307		1	Gedicht	„Zur Jahreswende 1933"	195
1933						
10.4.33	85		4	Gedicht	„Das Krokusbeet"	196
13.4.33	88		3	Gedicht	„Karfreitagsgedanken"	197
15.4.33	89		2	Gedicht	„Osterfreude"	198
16.9.33	217		3	Gedicht	„Erwachtes Deutschland"	199
30.9.33	229		1	Gedicht	„Tag des Dankes"	201

Nach Datum sortiert:

Mia Meyer	Nr.	in: Beilage	Seite	Ged/Erz	**Kreisblatt Beeskow-Storkow** Titel	Texte in Datei TKB
8.3.34	57		3	Gedicht	„Erste Weidenkätzchen"	204
17.3.34	65		1	Gedicht	„Willkommen in Beeskow"	206
20.3.34	67		4	Gedicht	„Das Lerchenlied"	139
9.6.34	132	Beilage	4	Gedicht	„Morgenfrühe auf der Wiese"	212
11.6.34	133	Beilage	3	Gedicht	„Wogendes Kornfeld"	214
12.6.34	134		4	Gedicht	„Ginsterblüte"	215
18.6.34	139	Beilage	3	Gedicht	„Juninacht"	216
26.6.34	146		3	Gedicht	„Glück im Sommer"	217
24.12.34	300		3	Gedicht	„Weihnachten"	219
1935						
16.3.35	64		1	Gedicht	„Zum Heldengedenktag"	220
30.3.35	76		1	Gedicht	„Ein Gruß dem Gauleiter Wilhelm Kube"	222
20.4.35	93		1	Gedicht	„Unser Führer Adolf Hitler"	223+225
1936						
22./23.2.36	45	Beilage	1	Gedicht	„Beeskow" (Zur Beeskower Heimatwoche)	232

in:Kreis-Kalender Beeskow-Storkow			Nach Jahrgang sortiert:	
Jahrgang Mia Meyer	Seite	Format	Titel	Texte in Datei
				KKB
1927				01
1927	60	G	„Vom Kornfeld"	02
1927	66	G	„Beeskow"	03
1928				04
1928	5	G	„An den Morgen"	05
1928	56	G	„Am Abend"	06
1928	75	G	„Allein"	07
1929				09
1929	15	E	„Der Kiefernwald" (1.Teil)	10
1929	16	E	„Der Kiefernwald" (2.Teil)	11
1929	53	G	„Frühling"	12
1929	59	G	„Sommer"	13
1929	63	G	„Herbst"	14
1929	65	G	„Winter"	15
1929	83	G	„Scheidelied"	16
1930				17
1930	8	G	„Badende Kinder"	18
1930	16	G	„Mutter"	19
1930	48	G	„Tragik"	21
1930	72	G	„Weidenröslein"	23
1933				24
1933	IV	G	„Der Kalender spricht"	25
1933	23	G	„Eines nicht"	26
1933	31	G	„Letzte Rose"	27
1933	35	G	„Der Angler"	28
1933	38	G	„Frühling am Märkischen Meer"	29
1933	60	G	„Für den Alltag"	30
in:Kreis-Kalender Beeskow-Storkow			Nach Jahrgang sortiert:	

Jahrgang Mia Meyer	Seite	Format	Titel	Texte in Datei
				KKB
1934	51	G	„Fallendes Laub"	34
1934	62	G	„Sturm"	35
1934	122	G	„Wanderlied"	36
1935				37
1935	III	G	„Neujahr 1935"	38
1935	VI	G	„Wogendes Kornfeld"	39
1935	142	G	„Wenn nicht"	40
1938				41
1938	28	G	„Herbst"	42

Format Seite	Textentstanden-Text in Datei MP	Nach Seiten sortiert:		
		Een Mundvull Platt von düt un dat	Beeskow	002
	Umschl.	von Mia Meyer	Weihnachten 1930	
4-5	Gedicht	"Muddersprak"	24.04.1929	004, 005
6	Gedicht	"Weegenleed"	vor Dezember 1930	006
7-8	Gedicht	"Gänseliesel"		007, 008
9-10	Gedicht	"Dat Waisenkind"	vor Dezember 1930	009, 010
11-12	Gedicht	"Großmuddings Fierabendsgedanken"	12.1926	011, 012
13-14	Gedicht	"Dat Vagelleed"		013, 014
14-15	Gedicht	"Winterstied"	vor Dezember 1930	014, 015
16-18	Gedicht	"Danzleed"		016, 017, 018
19-20	Gedicht	"Leewster mien"	vor Dezember 1930	019, 020
21-22	Gedicht	"De Kaht"	05.02.1929	021, 022
22-23	Gedicht	"Marlene"	11.02.1929	022, 023
24-26	Gedicht	"Kinnertied"	13.11.1930	024, 025, 026
27	Titel	"Spaß un Spor´n ut Kinnerjohr´n"		027
28-31	Gedicht	"Dat Malhör"	1925	028, 029, 030, 031
32-34	Gedicht	"De lütte Broder"	30.10.1930	032, 033, 034
35-37	Gedicht	"De Hoorspang´n"	vor Dezember 1930	035, 036, 037
38	Gedicht	"Trurigkeit"	vor Dezember 1930	038
39-42	Gedicht	"Christabend"	vor Dezember 1930	039, 040, 041, 042
43-44	Gedicht	"Hänge, dänge, dingschen"	30.11.1930	043, 044

45-47	Gedicht	"Malen"	27.11.1930	045, 046, 047
48-51	Gedicht	"Dreeangel"	27.11.1930	048, 049, 050, 051
52-54	Gedicht	"De Gorn"	29.11.1930	052, 053, 054
55-57	Gedicht	"Kartüffelverseuken un Smaltbrot"	30.11.1930	05, 056, 057
58-60	Gedicht	"Isenbahnspäl"	vor Dezember 1930	058, 059, 060
61-62	Gedicht	"In´n Strohbarg"	01.12.1930	061, 062
63-64	Gedicht	"Een bäten von´n Äten"	01.12.1930	063, 064
65.66	Gedicht	"Gänsheud´n"	01.12.1930	065, 066
67-69	Gedicht	"Pätzmann"	1925	067, 068, 069
70-71	Gedicht	"School spälen"	vor Dezember 1930	070, 071
72-73	Gedicht	"Großmudding"	17.11.1930	072, 073
74-76	Gedicht	"Fürböten"	17.11.1930	074, 075, 076
77-79	Gedicht	"De erste Schooldag"	05.1925	077, 078, 079
80-81	Gedicht	"De kaputte Fibel"	05.12.1930	080, 081
Textentstanden- Text in Datei MP		Nach Seiten sortiert:		
86-87Format Seite	Gedicht	"Neihschool"	08.12.1930	086, 087
88-90	Gedicht	"Armverstukung"	08.12.1930	088, 089, 090
91-93	Gedicht	"Verbistert"	wohl 12.1930	091, 092, 093
94-95	Gedicht	"Schünafbräken"	18.11.1930	094, 095
96	Gedicht	"Übel des Leibes"	05.12.1930	096
97-98	Gedicht	"Bergpredigt"	05.12.1930	097, 098
99-100	Gedicht	"Muß i denn"	05.12.1930	099, 100
101-102	Gedicht	"Konfirmandenstund´n"	08.12.1930	101, 102
103-105	Gedicht	"Konfirmation"	18.12.1930	103, 104, 105
		N a c h t r a g ab 1935		
106-107	Gedicht	"Frau Holle"	11.12.1935	106, 107
108	Gedicht	"De lütte Baas"	11.12.1935	108
109-110	Gedicht	"Wiehnachtsmann"	11.12.1935	109, 110
111-112	Gedicht	"Auto"	13.12.1935	111, 112
113	Gedicht	"De Flieger"	22.12.1935	113
114	Gedicht	"Kinnerstuv"	11.12.1935	114
115	Gedicht	"Kouhverstand"	13.12.1935	115
116-117	Gedicht	"Mandschien"	13.12.1935	116, 117
118	Gedicht	"Leewskummer"	11.12.1935	118
119	Gedicht	"To Twee´n"	22.12.1935	119

120	Gedicht	"Heimat"	16.03.1936		120
121-123	Gedicht	"Goldene Hochtied 3. Februar 1943"	1943		121, 122, 123
124	Gedicht	"Uwes Glückwunsch zur Goldenen Hochzeit"	1943		124

Feierstundenträumereien von Mia Meyer TNr.	Seite		Nach laufender Nummer sortiert:		Texte in Datei
		Umschlag	Als Manuskript gedruckt 1932		001
			Handschriftliche Widmung von Mia Meyer		002
3	1	Gedicht	Das Glück		003
4	2	Gedicht	Am Ufer		004
5	3	Gedicht	Genieße die Freude!		005
5	3	Gedicht	Kleine wilde Rosen		005
5	3	Gedicht	Rosen - Dornen, - Liebe - Leid		005
6	4	Gedicht	Beeskow		006
7	5	Gedicht	An allen Wegen		007
7	5	Gedicht	Irgendwann		007
7	5	Gedicht	Um die Pfingstzeit		007
8	6 - 7	Novelle	Der Eichbaum und die Linden		008
10	8	Gedicht	Frauenlieben		010
11	9	Gedicht	Frühling		011
11	9	Gedicht	Mein Seelenflug		011
12	10	Gedicht	Lindenhochzeit		012
12	10	Gedicht	Schicksal		012
13	11-12	Gedicht	Frau Arbeit		013
15	13	Erzählung	Die Anemone		015
16	14	Gedicht	Korn in Aehren		016
16	14	Gedicht	Palmsonntag		016
17	15-16	Märchen	Roseweiß und Roserot		017
19	17	Gedicht	Allein		019
19	17	Gedicht	Vom Kornfeld		019
20	18-19	Gedicht	Was das Blümlein mir erzählt hat		020
21	19	Gedicht	Liebe		021

TNr.	Seite		Nach laufender Nummer sortiert:	Texte in Datei
22	20	Gedicht	An den Morgen	022
22	20	Gedicht	Erinnerungen	022
23	21	Märchen	Frau Schönheit	023
23	21	Gedicht	Kleine Freuden	023

Feierstundenträumereien von Mia MeyerF

TNr.	Seite		Nach laufender Nummer sortiert:	Texte in Datei
24	22	Gedicht	Letzte Rose	024
25	23-24	Skizze	Wenn die Blätter fallen	025
27	25-26	Märchen	Der Morgen	027
28	26	Gedicht	Im Nebel	028
29	27	Gedicht	Herbst	029
29	27	Gedicht	Lebenskunst	029
29	27	Gedicht	Sonntagmorgen	029
30	28	Gedicht	Die letzten späten Blumen	030
30	28	Gedicht	Totensonntag	030
31	29-30	Märchen	Deutsche Seele (Seelchen)	031
32	30	Gedicht	Zwischen Morgen und Abend	032
33	31	Gedicht	Nebelgraue Tage	033
33	31	Gedicht	Träume	033
34	32	Gedicht	Advent	034
34	32	Gedicht	Weihnachten	034
35	33	Gedicht	Sturm	035
35	33	Gedicht	Winterglück	035
36	34	Gedicht	Heilige Nacht	036
36	34	Gedicht	Schweigt mir still	036
37	35-37	Märchen	Klein-Lotti und die Schneeflocke	037
40	38	Gedicht	Birkenbaum zur Winterzeit	040
40	38	Gedicht	Scheidelied	040
41	39-40	Märchen	Wintermondenmärchen	041
43	41-42	Gedicht	Jahresende	043
45	43	Träumerei	Etwas vom Mars	045

47	45	Gedicht	Feierabend		047
47	45	Gedicht	Freude		047
48	46	Gedicht	Das Mahnen meiner Ahnen		048
48	46	Gedicht	Wintersonnenuntergang		048
49	47	Gedicht	Die rechten Waffen		049
Feierstundenträumereien von Mia MeyerF					
TNr.	Seite		*Nach laufender Nummer sortiert:*		Texte in Datei
50	48	Gedicht	Frage		050
50	48	Gedicht	Wintermorgen		050
51	49	Gedicht	Andacht		051
51	49	Gedicht	Sehnsucht		051
52	50	Gedicht	Karfreitag		052
52	50	Gedicht	Vorfrühling		052
53	51	Gedicht	Die Hyazinthe		053
54	52	Gedicht	Weidenkätzchen		054
54	52	Gedicht	Zur Einsegnung		054
55	53-55	Gedicht	Am Kreuzweg		005
58	56	Gedicht	Blauveilchen		058
58	56	Gedicht	Ostern		058
59	57-58	Gedicht	Schneeglöckchen und Buchfinken		059
60	58	Gedicht	Mahnung		060
61	59	Gedicht	Lenzfreude		061
61	59	Gedicht	Tragik		061
62	60	Gedicht	Der Ahnungslose		062
62	60	Gedicht	Zigeunerlos		062
63	61-63	Gedicht	Der Bach erzählt		063
66	64	Gedicht	Es war einmal		066
67	65-67	Pfingstmärchen	Wie das Glück aussieht		067
70	68	Gedicht	Entsagende Liebe		070
70	68	Gedicht	Frühlingsgang		070
70	68	Gedicht	Frühlingsgottesdienst		070

TNr.	Seite			Texte in Datei
71	69	Gedicht	Ginsterblüte in der Heide	071
71	69	Gedicht	Pfingsten	071
72	70	Prolog	Festgruß zum Fest der Frauenhülfe	072
73	71	Festgedicht	Schloß Bahrensdorf - einst und jetzt	073
74	72-73	Gedicht	Die Nachtigall	074
75	73	Gedicht	Im Erlenbach	075
Feierstundenträumereien von Mia MeyerF				
TNr.	Seite		Nach laufender Nummer sortiert:	Texte in Datei
76	74	Gedicht	Sommernacht	076
77	75	Gedicht	Die heimlichen Kronen	077
77	75	Gedicht	Herbstabend	077
78	76	Gedicht	Blasse Blumen	078
78	76	Gedicht	Seemannsbraut	078
79	77	Gedicht	Freude und Leid	079
79	77	Gedicht	Heimatkraft	079
80	78	Gedicht	Herbstlied	080
80	78	Erzählung	Sommernachtstraum	080
82	80	Gedicht	Nacht	080
83	81-82	Gedicht	Jahrmarkt	083
85	83	Gedicht	Des Sommers Ende	085
86	84	Gedicht	Ewig	086
86	84	Gedicht	Zum Totenfeste	086
87	85-88	Erzählung	Der Herbst	087
91	89-90	Gedicht	Das Lachen	091
92	90	Gedicht	Morgenglück	092
93	91-93	Erzählung	Warum der Mond nicht immer rund ist	093
96	94	Gedicht	Kindergespräch	096
97	95	Gedicht	Es gibt Tage ...	097
98	96	Gedicht	Herbsttag am Dorfsee	098
99	97-98	Gedicht	Warum Sperlinge nicht sparen	099
100	98	Gedicht	Abendgebet	100

101	99	Gedicht	Pfingsten		101
102	100	Gedicht	Abend am Weiher		102
102	100	Gedicht	Badende Kinder		102
103	101-103	Erzählung	Der Kiefernwald		103
105	103	Gedicht	Mark		105
106	104	Erzählung	Mitten im Leben		106
107	105	Gedicht	Der Säemann		107
Feierstundenträumereien von Mia MeyerF TNr.	Seite		*Nach laufender Nummer sortiert:*		Texte in Datei
108					
	106	Gedicht	Am Abend		108
108	106	Gedicht	Niedersachsen		108
109	107	Gedicht	Alte Wege		109
109	107	Gedicht	Trost		109
110	108	Gedicht	Mondlicht		110
111	109	Gedicht	Der Angler		111
111	109	Gedicht	Erste Liebe		111
112	110-111	Erzählung	Winterfreuden.		112
114	112	Gedicht	Die Wassermuhme		114
114	112	Gedicht	Wintersturm		114
			Beginn des 2. Teils:		
115	1	Gedicht	Astern		115
115	1	Gedicht	Frühlingsahnen		115
116	2	Gedicht	Spatzenfrühling		116
116	2	Gedicht	Verblühte Linden		116
117	3-4	Erzählung	Die Birke		117
118	4	Gedicht	Nur eine Kleinigkeit		118
118	4	Gedicht	Sonntag auf dem Dorfe		118
119	5-6	Gedicht	Prinzessin Veilchen und der jagdlustige Laubfrosch		119
120	6	Gedicht	Sommerglück		120
121	7-8	Gedicht	Kinderfest		121
122	8	Gedicht	Pfingsten		122

122	8	Gedicht	Jungvögel	122
123	9	Gedicht	Frühlingsabend im Luch	123
123	9	Gedicht	Ostern	123
124	10	Gedicht	Abend im Moor	124
124	10	Gedicht	Kindheitsstätten	124
125	11-12	Erzählung	Weihnachten im Walde	125
127	13	Gedicht	Götterneid	127
127	13	Gedicht	Sonniger Herbst	127
Feierstundenträumereien von Mia MeyerF TNr.	Seite		Nach laufender Nummer sortiert:	Texte in Datei
128	14	Gedicht	Silvester-Gedanken	128
129	15	Gedicht	Fallendes Laub	129
129	15	Gedicht	Heilige Nacht	129
130	16	Gedicht	Adventszeit	130
130	16	Gedicht	Herbststimmung	130
131	17	Gedicht	Dunkle Nacht	131
131	17	Gedicht	Trost	131
132	18-20	Märchen	Der Sternenstreit	132
134	20	Gedicht	Erste Stare	134
134	20	Gedicht	Für den Alltag	134
135	21	Erzählung	Umkehr	135
136	22-23	Erzählung	Das Dorf am See	136
137	23	Gedicht	Schlaflose Nächte	137
138	24-25	Erzählung	Der Sonnenstrahl	138
140	26	Gedicht	Märzsonne	140
140	26-27	Erzählung	Veilchen	140
141	27	Gedicht	Grade so - und dennoch anders	141
142	28-30	Erzählung	Der Kampf um den Orden	142
144	30	Gedicht	Eines nicht	144
144	30	Gedicht	Mutter	144
145	31	Gedicht	Sommerabend	145

145	31	Gedicht	Sommermittag		145
145	31	Gedicht	Sommermorgen		145
146	32	Gedicht	Oktobertag		146
146	32	Gedicht	Wanderlied		146
147	33	Gedicht	Das Jahr		147
147	33	Gedicht	Neujahr		147
147	33	Gedicht	Zwischen Abend und Morgen		147
148	34	Erzählung	Vom Seelchen der Weihnachtstanne		148
148	34	Gedicht	Zwischen beiden Welten		148
Feierstundenträumereien von Mia MeyerF TNr.	**Seite**		*Nach laufender Nummer sortiert:*		**Texte in Datei**
149	35	Gedicht	Noch ein paar kurze Tage		149
149	35	Gedicht	November		149
150	36	Gedicht	Frühlingshoffnung		150
150	36	Gedicht	Vorfrühlingsglück		150
151	37	Gedicht	Der Frühling ruft		151
151	37	Gedicht	Frühling am Märkischen Meer		151
152	38-41	Erzählung	Ein Frühlingsgang zum Friedhof		152
155	41	Gedicht	Feierabend		155
155	41	Gedicht	Wurzelfest		155
156	42	Gedicht	50 Jahre Freiwillige Feuerwehr in Beeskow		156
157	43	Gedicht	Herbstgedanken		157
157	43	Gedicht	Zur "Deutschen Woche" 1932		157
158	44	Gedicht	Winterzauber		158
158	44	Gedicht	Zur Jahreswende 1933		158
159	45	Gedicht	Nur nicht verzagen !		159
159	45	Gedicht	Rodelbahn im "Kaffeegrund"		159
160	46	Gedicht	Weihnachtswünsche		160
161	47	Gedicht	Friede auf Erden		161
161	47	Gedicht	Ostermorgen		161
162	48	Gedicht	Wintertag im Tannenwald		162

162	48	Gedicht	Zum Totensonntag		162
163	49	Gedicht	Adventszeit		163
163	49	Gedicht	Osterfreude		163
164	50	Gedicht	Einsame Tanne in heiliger Nacht		164
164	50	Gedicht	Ich möchte ...		164
165	51	Gedicht	Das Krokusbeet		165
165	51	Gedicht	Wenn nicht		165
165	51	Gedicht	Zwei Wege		165
166	52-53	Gedicht	Die Wespe im Bäckerladen		166
167	53	Gedicht	Bald		167

Feierstundenträumereien von Mia Meyer F

TNr.	Seite		Nach laufender Nummer sortiert:		Texte in Datei
167	53	Gedicht	Weihnachten		167
168	54	Gedicht	Advent (Adventliche Zeit)		168
168	54	Gedicht	Gedanken zum Totensonntag		168
			Seiten 55 – 58 fehlen !		
169	59	Gedicht	Feldblumenstrauß		169
169	59	Gedicht	Junge Mädchen im Frühling		169
170	60	Gedicht	Karfreitagsgedanken		170
170	60	Gedicht	Tag des Dankes		170
171	61	Gedicht	Frühlingslied der Amsel		171
171	61	Gedicht	Glück im Sommer		171
171	61	Gedicht	Wogendes Kornfeld		171
172	62	Gedicht	Ein Regentag		172
172	62-63	Gedicht	Morgenfrühe auf der Wiese		172
173	63-64	Gedicht	Der erste Frost		173
173	63	Gedicht	Ginsterblüte		173
174	64	Gedicht	Ernte		174
174	64	Gedicht	Juninacht		174

Mia Meyer:	Text in Datei
Zwischen Ostern und Pfingsten	OuP
oder Was der kleine Werner aus der Lüneburger	001

Heide in Beeskow erlebt hat, von Tante Mi	002
(Maschinenschriftliches Manuskript),	
Beeskow 1933	
Die Herreise	004
Windmühle – Mindwühle	005
Das Bild der Großeltern	006
Heimwehgedanken	006
Patronen – Kanonen	007
Diele – Kuhstall	007
Sehnsucht nach den Eltern	008
Spielgeld	008
Leutnant – Neutland	009
Das Holzmesser	010
Pfefferfresser	011
Märchen	011
Der Lehrer	012
Türenschlagen	013
Schaufel und Harke	014
Unerfüllte Wünsche und Geld	015
Onkel Beeskows Pumphose	015
Onkel Beeskows Gesang	016
Zärtlichkeiten	016
Wörtlicher Gehorsam	017
Soldaten mit Kindern	018
Gas- und Wasserleitungen	019
Schlitten statt Kahn	020
Bootsfahrt	021
Orientierungssinn	022
Spielgefährten	023
Wasserbassin	024
Mia Meyer:	Text in Datei
Zwischen Ostern und Pfingsten	OuP
Der höfliche Junge	026
Der Wasserhahn	027
Die Rückreise	028
	029

Lfd Nr	Ged/Erz	Nach laufender Nummer geordnet: Text	entstanden	Text in Datei 1.Seite LB	2.Seite LB
0	Umschlag	**Mia Meyer: Lose Blätter**		001	
1-2	Gedicht	Heimat	16.3.1936	002	
2	Gedicht	Sonnenaufgang	1941	002	
3-4	Gedicht	Zum neuen Jahre	12. 1935	003	
4	Gedicht	Danke	1.12.1935	003	
5	Gedicht	Unterm Adventskranz	1.12.1935	006	
6	Gedicht	Sommerliche Mahnung	7.7.1935	007	
7-9	Gedicht	Bescherung der Kriegshinterbliebenen durch die Unteroffiziersvereinigung	1931 ?	009	010
9	Gedicht	Zu einem Blumenstrauß	1936 ?	010	
13	Gedicht	Glückwunsch eines Knaben	1935	012	
13	Gedicht	Albumverse 1	o.D.	012	
25-27	Gedicht	Albumverse 1 – 6	o.D.	036	037
31-33	Gedicht	Erntefest	1936 (?)	013	014
33	Gedicht	Segler der Lüfte	1935	014	
34-36	Gedicht	Sturmgewalten	1935	016	017
37	Gedicht	Wanderung im Regen	24.2.1936	018	
38	Gedicht	Wanderschaft	14.12.1941	019	
39-40	Gedicht	Spinnennetz	1.12.1935	020	
41	Gedicht	Segen der Krankheit	11.12.1935	021	
42	Gedicht	Stille Stunden	7.7.1935	022	
43	Gedicht	Reifer werden	1935	023	
44	Gedicht	Glaube	1935	024	
45	Gedicht	Abendlied	1935	025	
46-48	Gedicht	Abend an der Spree	1936 (?)	026	027
49	Gedicht	Unsere Kirche	1936 (?)	028	
50-53	Gedicht	Zum Festabend des L.H.V	1932	029	
53-54	Gedicht	Heldengedenken	1943 (?)	031	
57	Gedicht	Tannenzweig	1936 (?)	032	
60-61	Gedicht	Vor Weihnachten 1944	12. 1944	033	
61-62	Gedicht	Grüße vom Weihnachtsmann (im Lazarett)	12. 1944	034	
62-63	Gedicht	Vom Nikolaus (Aufgesagt im Lazarett)	12. 1944	034	
72	Gedicht	Kresse	1936 (?)	035	
79-80	Erzählung	Waldweihnacht	o.D.		

E N D N O T E N :

I. Mia Meyers Biographie 1894 - 1948

1. Die biographischen Angaben zu Mia Meyer beruhen weitgehend auf schriftlichen Aufzeichnungen ihres Sohnes Dr. Uwe Meyer aus Braunschweig, die er freundlicherweise zur Verfügung gestellt hat. Weitere Angaben zur Person finden sich in verschiedenen Veröffentlichungen wie „Mia Meyer – ein Beverbecker Kind" in: „Festschrift 100 Jahre Freiwillige Feuerwehr Beverbeck", Beverbeck [1995]; [Otto Dittmer]: „Liebe zur Natur festgehalten – Heimatdichterin Mia Meyer feiert in diesem Jahr ihren 101. Geburtstag" in: „Allgemeine Zeitung Uelzen, Sonderveröffentlichung Samtgemeinde (sic!) Bienenbüttel", 18./19. Februar 1995; Behnke, Eberhard / Porth, Heinrich: „Die Familien und Einwohner des Kirchspiels Bienenbüttel – Ortsfamilienbuch 1642 – 1920" (Quellen zur Geschichte von Stadt und Kreis Uelzen, Band 11), Uelzen 2011, S. 307 f. Nr. 2944, S. 296, Nr. 2835 und S. 528 (Beverbeck Hof Nr. 4); Behnke, Eberhard: „Frieda Harms", in: „80 Jahre Museums- und Heimatverein des Kreises Uelzen 1929 – 2009", (Uelzener Beiträge Bd. 18), Uelzen 2009, S. 181 – 184.
2. Abgangszeugnis der Gewerbeschule für Mädchen Hamburg – St. Georg vom 1.2.1920 im Nachlass bei Dr. Uwe Meyer, Braunschweig, Kopie im Gemeindearchiv Bienenbüttel, Text in EB 059.
3. Siehe die Kennkarte von 1942 in http://de.wikipedia.org/index.php?title=Detei:Kennkarte_innen.jpg
4. Brief an Frieda Harms vom 2. März 1936 im Archiv Harms in Rieste, Kopie im Gemeindearchiv Bienenbüttel, Text in EB 053 + 054.
5. "Een Mundvull Platt von düt un dat" von Mia Meyer, Beeskow, Weihnachten 1930, *Meinen lieben Eltern zugeeignet,* Kopie im Gemeindearchiv Bienenbüttel, Text in MP 002 – 124.
6. Tante Mi (Mia Meyer): "Zwischen Ostern und Pfingsten oder Was der kleine Werner aus der Lüneburger Heide in Beeskow erlebt hat", Beeskow 1933, maschinenschriftliches Manuskript im Privatbesitz von Renate Meyer, Beverbeck, Kopie im Gemeindearchiv Bienenbüttel, Text in OuP (Zwischen Ostern und Pfingsten).
7. "Beeskow" im „Kreis-Kalender für den Kreis Beeskow-Storkow", 1927, S. 66, Text in KKB 003.
8. Mia Meyer: "Feierstundenträumereien", als Manuskript gedruckt bei Günther Knüppel und Haeseler, Beeskow o.J., Kopie im Gemeindearchiv Bienenbüttel, Text in FT 000 – 174.
9. „Tägliches Kreisblatt für den Kreis Beeskow-Storkow", 6. u. 7. März 1933
10. „ Vorweihnachten 1944", als handschriftliches Manuskript im Nachlass beim Sohn Dr. Uwe Meyer und in Mia Meyers Mappe „Lose Blätter", 61 f., Kopie im Gemeindearchiv Bienenbüttel, Text in LB 033.
11. Der Befehl ist wiedergegeben in Richard Lakowski: "Seelow 1945 – Die Entscheidungsschlacht an der Oder", Hamburg-Berlin-Bonn 2009, S. 60 f.

II. Mia Meyers Einzeltexte in Beverbeck bis 1925

[1] Zur Quellenlage:
Von den Texten Mia Meyers aus der Zeit vor 1945 sind in den beiden von Otto Dittmer herausgegebenen Sammelbänden "… die Gedanken ernst nach oben weist …- Mia Meyer: Gedichte und Geschichten", Melbeck 1981 und 1989 (2. Auflage) und Mia Meyer: "Gedichte und Geschichten zum Jubiläum 1000 Jahre Bienenbüttel", Melbeck 2004, nur die Gedichte "De erste Schooldag" von 1925, "Muderspraak" und "De Kaht" von 1929 sowie "Auto" und "Kouhverstand" von 1935 veröffentlicht worden, und auch das wahrscheinlich nur, weil drei dieser Gedichte auch nach 1945 noch einmal gedruckt worden sind im Uelzener "Heidewanderer".

Sie selber hat die frühen handschriftlichen Texte teilweise in einer Sammelmappe zusammengestellt und ihrer Freundin Frieda Harms im Mai 1925 gewidmet ("Dir, liebe Frieda, zum steten Angedenken!"). Diese Texte befinden sich im Archiv Harms in Rieste und in Kopie im Gemeindearchiv Bienenbüttel. Zitiert als "Archiv Harms".

168 Texte hat Mia Meyer später in den Sammelband "Feierstundenträumereien" aufgenommen, der 1932 bei Günther Knüppel & Haeseler in Beeskow "als Manuskript gedruckt" worden ist und den sie mit einer handschriftlichen Widmung und der Bitte um Nachsicht mit ihrem Erstlingswerk an Freunde und Familienmitglieder verteilt hat. Zitiert als "Feierstundenträumereien". Weitere Texte liegen nur als Einzelblätter handschriftlich bei ihrem Sohn Dr. Uwe Meyer vor und in Fotokopie im Gemeindearchiv Bienenbüttel vor. Zitiert als "Einzelblätter".

Zu Weihnachten 1930 hat Mia Meyer eine Sammlung von über 40 handschriftlichen plattdeutschen Gedichten, die ja in Beeskow nicht verstanden wurden, zusammengestellt und ihren Eltern gewidmet unter dem Titel "Een Mundvull Platt von düt und dat". Zitiert als "Een Mundvull Platt".

Mitte der fünfziger Jahre hat sie dann in Bienenbüttel nach Angaben ihres Sohnes eine Mappe "Lose Blätter" angelegt, in die sie bislang unveröffentlichte Gedichte auch aus der Zeit vor 1945 aufnahm und sie nachträglich datierte. Zitiert als "Lose Blätter".

144 gedruckte Texte aus der Zeit vor 1945 finden sich in der Tageszeitung "Tägliches Kreisblatt für den Kreis Beeskow - Storkow", die mit Ausnahme der Ausgaben vom 16.5.bis 31.12.1935 vollständig im Stadtarchiv Beeskow erhalten ist, zitiert "Tägliches Kreisblatt", und 33 Texte in der Jahreszeitschrift „Kreis-Kalender für den Kreis Beeskow - Storkow" ebenfalls im Stadtarchiv Beeskow und im Kreisarchiv des Kreises Oder-Spree in Beeskow, zitiert „Kreis-Kalender", beide erschienen im Verlag Günther Knüppel & Haeseler in Beeskow.

2. Einzelblätter Nr. 2, Text in EB 002 und 003
3. Einzelblätter Nr. 3, Text in EB 004 und 005
4. Einzelblätter Nr. 4, Text in EB 006
5. Einzelblätter Nr. 5, Text in EB 007 und 008
6. "Totensonntag" in Einzelblätter Nr. 6, Text in EB 009 – 011
7. Sammelmappe "Dir, liebe Frieda" vom Mai 1925 in Einzelblätter , EB 012 – 035, Original im Archiv Harms in Rieste, Kopie im Gemeindearchiv Bienenbüttel.
8. "Von den heimlichen Kronen", in Einzelblätter Nr. 20, Text in EB 019 und 020
9. "Sehnsucht" in Einzelblätter Nr. 17, Text in EB 041
10. "Wurzelfest" in Einzelblätter Nr. 23, Text in EB 035
11. Siehe Anmerkung II, 1 zur Quellenlage.
12. Behnke, Eberhard / Porth, Heinrich: „Die Familien und Einwohner des Kirchspiels Bienenbüttel – Ortsfamilienbuch 1642 – 1920" (Quellen zur Geschichte von Stadt und Kreis Uelzen, Band 11), Uelzen 2011, S. 296, Nr. 2835.

III. Mia Meyer im „Täglichen Kreisblatt für den Kreis Beeskow – Storkow"

1. "Frühling" in "Tägliches Kreisblatt" vom 13.4.1926, Nr. 85, S. 4, Text in TKB 20.
2. „Es grünet die Tanne" in "Tägliches Kreisblatt" vom 24.12.1926, Nr. 301, S. 1, Text in TKB 6
3. "Klein Lotti und die Schneeflocke" a.a.O, Beilage S.1, Text in TKB 062.
4. "Heilige Nacht" a.a.O, Beilage S. 2, Text in TKB 063.
5. "Nebelgraue Tage" in "Tägliches Kreisblatt" vom 3.11.1926, Nr. 258, S. 4, Text in TKB 051.
6. "Kleine Freuden" in "Tägliches Kreisblatt" vom 15.9.1926, Nr. 216, S. 4, Text in TKB 045.
7. "Lebenskunst" in "Tägliches Kreisblatt" vom21.9.1926, Nr. 221, S. 4, Text in TKB 046.
8. "Jahresende" in "Tägliches Kreisblatt" vom 31.12.1926, Nr. 306, Beilage S. 1, Text in TKB 064.
9. "Wintermondenmärchen" in "Tägliches Kreisblatt" vom 8.1.1927, Nr. 6, Beilage S. 2, Text in TKB 067 und handschriftlich in EB 29 – 31.
10. "Wie das Glück aussieht" in "Tägliches Kreisblatt" vom 4./5. Juni 1927, Nr. 129, Beilage S. 2, Text in TKB 092 und handschriftlich in EB 25 – 28.
11. "Sommernachtstraum" in "Tägliches Kreisblatt" vom 13.8.1927, Nr. 188, Beilage S. 2, Text in TKB 097 und handschriftlich in EB 16 + 19.
12. "Birkenbaum zur Winterszeit" in "Tägliches Kreisblatt" vom 7.1.1927, Nr. 5, S. 3, Text in TKB 066.
13. "Wintermorgen" in "Tägliches Kreisblatt" vom 26.1.1927, Nr. 21, S. 4, Text in TKB 070.

14 "Weidenkätzchen" in "Tägliches Kreisblatt" vom 21.3.1927, Nr. 67, S. 3, Text in TKB 074.
15 "Ostern" in "Tägliches Kreisblatt" vom 16.4.1927, Nr. 89, S.1, Text in TKB 081.
16 "Fest der Frauenhülfe in Beeskow" in "Tägliches Kreisblatt" vom 21.6.1927, Nr. 142, S.3, Text in TKB 089.
17 "Schloß Bahrensdorf einst und jetzt" in "Tägliches Kreisblatt" vom 9.7.1927, Nr. 158, S.1, Text in TKB 091.
18 "Feierabend" in "Tägliches Kreisblatt" vom 19.1.1927, Nr. 15, S. 4, Text in TKB 068.
19 "Zeit und Ewigkeit" in "Tägliches Kreisblatt" vom 5.2.1927, Nr. 30, Beilage S.2, Text in TKB 071.
20 "Das Mahnen meiner Ahnen" in "Tägliches Kreisblatt" vom 12.2.1927, Nr. 36, Beilage S.2, Text in TKB 072.
21 "Heimatkraft" in "Tägliches Kreisblatt" vom 27.8.1927, Nr. 200, Beilage S. 2, Text in TKB 100.
22 "Herbsttag am Dorfsee" in "Tägliches Kreisblatt" vom 21.10.1927, Nr. 247, Beilage S. 2. Text in TKB 111.
22a "Ewig" in "Tägliches Kreisblatt" vom 20.12.1927, Nr. 297, S. 3. Text in TKB 131.
23 "Es gibt Tage ..." in "Tägliches Kreisblatt" vom 29.12.1927, Nr. 304, S. 4, Text in TKB 140.
24 "Warum Sperlinge nicht sparen" in "Tägliches Kreisblatt" vom 30.5.1928, Nr. 125, S. 3, Text in TKB 229. Hier ist wegen der schlechten Druckqualität der Zeitung der Text aus dem Band „Feierstundenträumereien" (FT 099) wiedergegeben.
25 "Pfingsten" in "Tägliches Kreisblatt" vom 26.5.1928, Nr. 123, S. 1, Text in TKB 228.
26 "Abendgebet" in "Tägliches Kreisblatt" vom 7.8.1928, Nr. 184, S. 4, Text in TKB 145.
27 "Wintersturm" in "Tägliches Kreisblatt" vom 14.1.1929, Nr. 11, S. 4, Text in TKB 147.
28 "Ostern" in "Tägliches Kreisblatt" vom 30.3.1929, Nr. 75, S. 1, Text in TKB 155,"Pfingsten" in "Tägliches Kreisblatt" vom 18.5.1929, S. 1, Text in TKB 157.
29 "Frühlingsabend im Luch" in "Tägliches Kreisblatt" vom 21.5.1929, Nr. 116, S. 4, Text in TKB 159.
30 "Abend im Moor" in "Tägliches Kreisblatt" vom 13.8.1929, Nr. 188, S. 4, Text in TKB 166.
31 "Sommerglück" in "Tägliches Kreisblatt" vom 12.8.1929, Nr. 187, S. 4, Text in TKB 164.
32 "Adeventszeit" in "Tägliches Kreisblatt" vom 2.12.1929, Nr. 282, S. 3, Text in TKB 170.
33 "Silvestergedanken" in "Tägliches Kreisblatt" vom 31.12.1929, Nr. 305, S. 1, Text in TKB 171.

34 „Schlaflose Nächte" in „Tägliches Kreisblatt" vom 22.2.1930, Nr. 45, S. 2, Text in TKB 172.
35 „Wanderlied" in „Tägliches Kreisblatt" vom 21.7.1930, Nr. 168, S.4, Text in TKB 179.
36 „Sommermorgen" in „Tägliches Kreisblatt" vom 17.7.1930, Nr. 165, S. 4, Text in TKB 177.
37 „Sommerabend" in „Tägliches Kreisblatt" vom 5.8.1930 , Nr. 181, S. 4, Text in TKB 180.
38 „Oktobertag" in „Tägliches Kreisblatt" vom 13.10.1930 , Nr. 204, S. 4, Text in TKB 181.
39 „Noch ein paar kurze Tage" in „Tägliches Kreisblatt" vom 20.12.1930 , Nr. 298, S. 2, Text in TKB 182.
40 Angaben nach „Wikipedia", https://de.wikipedia.org/wiki/Reichstagswahl_1930 und https://de.wikipedia.org/wiki/Weimarer_Republik#Auswirkungen_der_Weltwirtschaftskrise
41 „Frühling am Märkischen Meer" in „Tägliches Kreisblatt" vom 23.5.1931 , Nr. 119, S. 2, Text in TKB 189.
42 Zitiert nach www.wendisch-rietz.de/region.php
Zum Scharmützelesee und Fontane vgl. auch www.amt-charmuetzelsee.de/orte.htm
43 „Ostermorgen" in „Tägliches Kreisblatt" vom 2.3.1932, Nr. 72, S. 1, Text in TKB 184.
44 „Zwei Wege" in „Tägliches Kreisblatt" vom 28.11.1932, Nr. 279, S. 4, Text in TKB 186.
45 „Zur 'Deutschen Woche' 1932" in „Tägliches Kreisblatt" vom 1.11.1932, Nr. 257, S. 1, Text in TKB 185.
46 „Weihnachtswünsche" in „Tägliches Kreisblatt" vom 21.12.1932, Nr. 299, S. 3, Text in TKB 188.
47 „Friede auf Erden !" in „Tägliches Kreisblatt" vom 24.12.1932, Nr. 302, S. 1, Text in TKB 191.
48 „Zur Jahreswende 1933" in „Tägliches Kreisblatt" vom 31.12.1932, Nr. 307, S. 1, Text in TKB 195.
49 „Das Krokusbeet" in „Tägliches Kreisblatt" vom 10.4.1933, Nr. 85, S. 4, Text in TKB 196
50 „Karfreitagsgedanken" in „Tägliches Kreisblatt" vom 13.4.1933, Nr. 88,, S. 3, Text in TKB 196.
51 „Osterfreude" in „Tägliches Kreisblatt" vom 15..4.1933, Nr. 89, S. 2, Text in TKB 198.
52 „Tag des Dankes" in „Tägliches Kreisblatt" vom 30.9.1933, Nr. 229, S. 1, Text in TKB 201. Zum „Tag des deutschen Bauern", der 1933 erstmalig mit großem Pomp von den Nationalsozialisten auf dem Bückeberg gefeiert wurde, vgl. www.john-shreve.de/geschichte/tag%20der%20deutschen%20bauern.html
53 „Erwachtes Deutschland" in „Tägliches Kreisblatt" vom 16.9.1933, Nr. 217, S. 3, Text in TKB 199.

54 „Gedanken zum Totensonntag" in „Tägliches Kreisblatt" vom 25.11.1933, Nr. 276, S. 1, Text in TKB 202.
55 „Erste Weidenkätzchen" in „Tägliches Kreisblatt" vom 8.3.1934, Nr. 57, S. 3, Text in TKB 204.
56 „Willkommen in Beeskow" in „Tägliches Kreisblatt" vom 17.3.1934, Nr. 65, S. 1, Text in TKB 206.
57 „Wogendes Kornfeld" in „Tägliches Kreisblatt" vom 11.6.1934, Nr. 133, Beilage S. 3, Text in TKB 214.
58 „Juninacht" in „Tägliches Kreisblatt" vom 18.6.1934, Nr. 139, Beilage S. 3, Text in TKB 216.
59 „Glück im Sommer" in „Tägliches Kreisblatt" vom 26.6.1934, Nr. 146, Beilage S. 3, Text in TKB 217.
60 „Weihnachten" in „Tägliches Kreisblatt" vom 24.12.1934, Nr. 300, S. 3, Text in TKB 219.
61 „Zum Heldengedenktag" in „Tägliches Kreisblatt" vom 16.3.1935, Nr. 64, S. 1, Text in TKB 220. Zur Umwandlung des Volkstrauertages der Weimarer Republik in einen Heldengedenktag der Nationalsozialisten vgl.
https://de.wikipedia.org/wiki/Volkstrauertag
62 „Ein Gruß dem Gauleiter Wilhelm Kube" in „Tägliches Kreisblatt" vom 30.3.1935, Nr. 76, S. 1, Text in TKB 222. Zu Wilhelm Kube vgl. auch
*https://de.wikipedia.org/wiki/**Wilhelm_Kube***
63 „Unser Führer Adolf Hitler" in „Tägliches Kreisblatt" vom 20.4.1935, Nr. 93, S. 1, Text in TKB 223 + 225.

IV. Mia Meyer im „Kreis-Kalender für den Kreis Beeskow – Storkow"

64 "Beeskow" in Kreis-Kalender Beeskow-Storkow 1927, S. 66, Text in KKB 03.
65 "Beeskow" in Beeskow am Wasser – Zeitzeugengespräche, hrsgb. vom Kunstverein Beeskow e.V., Beeskow 2007, S. 102 f.
66 "Vom Kornfeld" in Kreis-Kalender Beeskow-Storkow 1927, S. 60, Text in KKB 02.
67 "Am Abend" in Kreis-Kalender Beeskow-Storkow 1928, S. 56, Text in KKB 06.
68 "Der Kiefernwald" in Kreis-Kalender Beeskow-Storkow 1929, S. 15 f., Text in KKB 10 + 11.
69 "Frühling" in Kreis-Kalender Beeskow-Storkow 1929, S. 53, Text in KKB 12, "Sommer" a.a.O., S. 59, Text in KKB 13, "Herbst" a.a.O., S. 63, Text in KKB 14, "Winter" a.a.O., S. 65, Text in KKB 15.
70 "Scheidelied" in Kreis-Kalender Beeskow-Storkow 1929, S. 83, Text in KKB 16

[73] "Tragik" in Kreis-Kalender Beeskow-Storkow 1930, S. 48, Text in KKB 21.
[74] "Weidenröslein" in Kreis-Kalender Beeskow-Storkow 1930, S. 72, Text in KKB 23.
[75] Brief vom Kreisausschuß des Kreises Beeskow-Storkow an Mia Meyer vom 10.12.1929, unterzeichnet vom Kreissyndikus (Unterschrift unleserlich), Kopie im Gemeindearchiv Bienenbüttel.
[76] Vorrede von September 1932 im Kreis-Kalender Beeskow-Storkow 1933, Seite III, Kopie im Gemeindearchiv Bienenbüttel.
[77] "Der Kalender spricht:" in Kreis-Kalender Beeskow-Storkow 1933, Seite III, Text in KKB 25.
[78] "Für den Alltag" in Kreis-Kalender Beeskow-Storkow 1933, Seite 60, Text in KKB 30.
[79] "Eines nicht!" in Kreis-Kalender Beeskow-Storkow 1933, Seite 23, Text in KKB 26.
[80] "Letzte Rose" in Kreis-Kalender Beeskow-Storkow 1933, Seite 31, Text in KKB 27.
[81] "Der Angler" in Kreis-Kalender Beeskow-Storkow 1933, Seite 35, Text in KKB 28.
[82] "Frühling am Märkischen Meer" in Kreis-Kalender Beeskow-Storkow 1933, Seite 38, Text in KKB 29.
[83] "Zum Jahreswechsel 1934" in Kreis-Kalender Beeskow-Storkow 1934, Seite III, Text in KKB 32.
[84] "Bald" in Kreis-Kalender Beeskow-Storkow 1934, Seite 44, Text in KKB 33, "Sturm" a.a.O. S. 62, Text in KKB 35, "Wanderlied" a.a.O., S. 122, Text in KKB 36.
[85] "Fallendes Laub" in Kreis-Kalender Beeskow-Storkow 1934, Seite 51, Text in KKB 34.
[86] "Neujahr 1935" in Kreis-Kalender Beeskow-Storkow 1935, Seite III, Text in KKB 38.
[87] "Wogendes Kornfeld" in Kreis-Kalender Beeskow-Storkow 1935, Seite VI, Text in KKB 39.
[88] "Wenn nicht" in Kreis-Kalender Beeskow-Storkow 1935, Seite 142, Text in KKB 40.
[89] "Herbst" in Kreis-Kalender Beeskow-Storkow 1938, Seite 28, Text in KKB 42.
[90] "Muddersprak" in "Een Mundvull Platt vun düt un dat", Beeskow 1930, S. 4 f., Text in MP 4 + 5.
[91] "Muddersprak" in "Heidewanderer" Uelzen vom 28.1.1956, Nr. 2, S. 25. Die Kopien der verschiedenen handschriftlichen Umarbeitungen dieses Gedichts befinden sich im Gemeindearchiv Bienenbüttel.
[92] Otto Dittmer:"... die Gedanken ernst nach oben weist …- Mia Meyer - Gedichte und Geschichten", Melbeck 1981 und 1989 (2. Auflage), S. 1 und "Mia Meyer - Gedichte und Geschichten zum Jubiläum 1000 Jahre Bienenbüttel", Melbeck 2004, S.78.
[93] "De Kaht" in "Een Mundvull Platt vun düt un dat", Beeskow 1930, S. 21 f., Text in MP 21 + 22.
[94] "De Kaht" in "Heidewanderer" Uelzen vom 25.2.1961, Nr. 2, S. 10 und Otto Dittmer: "Mia Meyer - Gedichte und Geschichten zum Jubiläum 1000 Jahre Bienenbüttel", Melbeck 2004, S.68. Die Kopien der verschiedenen handschriftlichen Umarbeitungen dieses Gedichts befinden sich im Gemeindearchiv Bienenbüttel.

95 "Dat Malhör" in "Een Mundvull Platt vun düt un dat", Beeskow 1930, S. 28 ff.., Text in MP 28 – 31,
"Pätzmann", a.a.O., S. 67 ff., Text in MP 67 – 69, "De erste Schooldag", a.a.O., S. 77 ff., Text in MP 77 – 79.
96 "Spaß un Spor'n ut Kinnerjohrn", 30 Gedichte von 1925 bis 1930 in "Een Mundvull Platt vun düt un dat", Beeskow 1930, S. 27 - 105.., Texte in MP 27 – 105.
97 "Kinnertied" in "Een Mundvull Platt vun düt un dat", Beeskow 1930, S. 24 ff.., Text in MP 24 – 26.
98 "Großmuddings Fierabendsgedanken" in "Een Mundvull Platt vun düt un dat", Beeskow 1930, S. 11 f..., Text in MP 11 – 12.
99 "Dat Waisenkind" in "Een Mundvull Platt vun düt un dat", Beeskow 1930, S. 9 f.., Text in MP 9 – 10.
100 "Goldene Hochtied 3. Februar 1943" und "Uwes Glückwunsch zur Goldenen Hochzeit" in "Een Mundvull Platt vun düt un dat", Beeskow o.J., S. 121 ff., Text in MP 121 – 124.
101 "Frau Holle" in "Een Mundvull Platt vun düt un dat", Beeskow o.J., S. 106 f., Text in MP 106 – 107, "De lütte Baas" a.a.O., S. 108, Text in MP 108, "Wiehnachtsmann" a.a.O., S. 109 f., Text in MP 109 – 110.
102 "Auto" in "Een Mundvull Platt vun düt un dat", Beeskow o.J., S. 111 f., Text in MP 111 – 112, "De Flieger" a.a.O., S. 113, Text in MP 113.
103 "Kinnerstuvv" in "Een Mundvull Platt vun düt un dat", Beeskow o.J., S. 114, Text in MP 114, "Kouhverstand" a.a.O., S. 115, Text in MP 115.
104 "Mandschien" in "Een Mundvull Platt vun düt un dat", Beeskow o.J., S. 116 f., Text in MP 116 – 117, "Leewskummer" a.a.O., S. 118, Text in MP 118, "To Twee'n" a.a.O., S.19, Text in MP 119.
105 "Heimat" in in "Een Mundvull Platt vun düt un dat", Beeskow o.J., S. 120 f., Text in MP 120.
106 Kopie der beiden Blätter mit dem Inhaltsverzeichnis zu "Een Mundvull Platt" im Gemeindearchiv Bienenbüttel.

VI. Mia Meyers „Feierstundenträumereien"

107 Handschriftliche Widmung Mia Meyers am 22. April 1932 für ihre Nachbarin Frau Fiebig in "Feierstundenträumereien", Beeskow 1932, S. 0, Text in FT 002
108 "Das Glück" in "Feierstundenträumereien", Beeskow 1932, Nr. 3, S. 1, Text in FT 003.
109 „Rosen – Dornen, Liebe – Leid" in "Feierstundenträumereien", Beeskow 1932, Nr. 5, S. 3, Text in FT 005.

[110] "Beeskow" in "Feierstundenträumereien", Beeskow 1932, Nr. 6, S. 4, Text in FT 006.
[111] "Palmsonntag" in "Feierstundenträumereien", Beeskow 1932, Nr. 16, S. 14, Text in FT 016.
[112] "Zur Einsegnung" in "Feierstundenträumereien", Beeskow 1932, Nr. 54, S. 52, Text in FT 054
[113] "Weihnachten" in "Feierstundenträumereien", Beeskow 1932, Nr. 34, S. 32, Text in FT 034.
[114] "Weihnachten" in "Feierstundenträumereien", Beeskow 1932, Nr. 167, S. 53, Text in FT 167.
[115] "Weihnachtswünsche" in "Feierstundenträumereien", Beeskow 1932, Nr. 160, S. 46, Text in FT 160.
[116] "Friede auf Erden" in "Feierstundenträumereien", Beeskow 1932, Nr. 161, S. 47, Text in FT 161.
[117] "Weihnachten im Walde" in "Feierstundenträumereien", Beeskow 1932, Nr. 125, S. 11 f., Text in FT 125.
[118] "Heilige Nacht" in "Feierstundenträumereien", Beeskow 1932, Nr. 36, S. 34, Text in FT 036, und "Heilige Nacht" a.a.O., Nr. 129, S. 15, Text in FT 129.
[119] "Advent" in "Feierstundenträumereien", Beeskow 1932, Nr. 34, S. 32, Text in FT 034, "Adventszeit" a.a.O., Nr. 130, S. 16, Text in FT 130.
[120] "Adventszeit" in "Feierstundenträumereien", Beeskow 1932, Nr. 163, S. 49, Text in FT 163, "Advent" (Adventliche Zeit) a.a.O., Nr. 168, S. 54, Text in FT 168.
[121] "Karfreitag" in "Feierstundenträumereien", Beeskow 1932, Nr. 52, S. 50, Text in FT 052.
[122] "Karfreitagsgedanken" in "Feierstundenträumereien", Beeskow 1932, Nr. 170, S. 60, Text in FT 170.
[123] "Osterfreude" in "Feierstundenträumereien", Beeskow 1932, Nr. 163, S. 49, Text in FT 163.
[124] "Ostern" in "Feierstundenträumereien", Beeskow 1932, Nr. 58, S. 56, Text in FT 058, "Ostern", a.a.O., S. 123, Nr. 9, Text in FT 123, "Ostermorgen" a.a.O., S. 161, Nr. 47, Text in FT 161.
[125] "Pfingsten" in "Feierstundenträumereien", Beeskow 1932, Nr. 71, S. 69, Text in FT 071.
[126] "Pfingsten" in "Feierstundenträumereien", Beeskow 1932, Nr. 122, S. 8, Text in FT 122.
[127] "Pfingsten" in "Feierstundenträumereien", Beeskow 1932, Nr. 101, S. 99, Text in FT 101.
[128] "Totensonntag" in "Feierstundenträumereien", Beeskow 1932, Nr. 30, S. 28, Text in FT 030, "Die letzten späten Blumen" a.a.O., Nr. 30, S. 28, Text in FT 030.
[129] "Zum Totenfeste" in "Feierstundenträumereien", Beeskow 1932, Nr. 86, S. 84, Text in FT 086, "Zum Totensonntag" a.a.O., Nr. 162, S. 48, Text in FT 162.

[130] "Gedanken zum Totensonntag" in "Feierstundenträumereien", Beeskow 1932, Nr. 168, S. 54, Text in FT 168.
[131] "Tag des Dankes" in "Feierstundenträumereien", Beeskow 1932, Nr. 170, S. 60, Text in FT 170.
[132] "Der Herbst" in "Feierstundenträumereien", Beeskow 1932, Nr. 170, S. 60, Text in FT 170.
[133] "Herbstlied" in "Feierstundenträumereien", Beeskow 1932, Nr. 80, S. 78, Text in FT 80.
[134] "Blasse Blumen" in "Feierstundenträumereien", Beeskow 1932, Nr. 87, S. 85 ff., Text in FT 87.
[135] „Fallendes Laub" in "Feierstundenträumereien", Beeskow 1932, Nr. 129, S. 15, Text in FT 129.
[136] "Nebelgraue Tage" in "Feierstundenträumereien", Beeskow 1932, Nr. 33, S. 31, Text in FT 33.
[137] "Letzte Rose" in "Feierstundenträumereien", Beeskow 1932, Nr. 24, S. 22, Text in FT 124.
[138] "November" in "Feierstundenträumereien", Beeskow 1932, Nr. 149, S. 35, Text in FT 149.
[139] "Noch ein paar kurze Tage" a.a.O., Nr. 149, S. 35, Text in FT 149.
[140] "Der erste Frost" in "Feierstundenträumereien", Beeskow 1932, Nr. 173, S. 63 f., Text in FT 173.
[141] "Wintermondenmärchen" in "Feierstundenträumereien", Beeskow 1932, Nr. 41, S. 39 f., Text in FT 041.
[142] "Winterfreuden" in "Feierstundenträumereien", Beeskow 1932, Nr. 112, S. 110 f., Text in FT 112.
[143] "Winterglück" in "Feierstundenträumereien", Beeskow 1932, Nr. 35, S. 33, Text in FT 035.
[144] "Winterzauber" in "Feierstundenträumereien", Beeskow 1932, Nr. 158, S. 44, Text in FT 158.
[145] "Birkenbaum zur Winterszeit" in "Feierstundenträumereien", Beeskow 1932, Nr. 40, S. 38, Text in FT 040.
[146] "Frühling" in "Feierstundenträumereien", Beeskow 1932, Nr. 11, S. 9, Text in FT 011.
[147] "Frühlingsgang" in "Feierstundenträumereien", Beeskow 1932, Nr. 70, S. 68, Text in FT 070.
[148] "Frühling am Märkischen Meer" in "Feierstundenträumereien", Beeskow 1932, Nr. 151, S. 37, Text in FT 151, "Der Frühling ruft" a.a.O., Nr. 151, S. 37, Text in FT 151.
[149] „Junge Mädchen im Frühling" in "Feierstundenträumereien", Beeskow 1932, Nr. 169, S.59, Text in FT 169.
[150] "Frühlingsabend im Luch" in "Feierstundenträumereien", Beeskow 1932, Nr. 123, S. 9, Text in FT 123.

[151] „Sommermorgen" in "Feierstundenträumereien", Beeskow 1932, Nr. 145, S.31, Text in FT 145, „Sommermittag" a.a.O., Nr. 145, S. 31, Text in FT 145, „Sommerabend" a.a.O., Nr. 145, S. 31, Text in FT 145.
[152] „Ginsterblüte" in "Feierstundenträumereien", Beeskow 1932, Nr. 173, S.63, Text in FT 173
[153] „Ernte" in "Feierstundenträumereien", Beeskow 1932, Nr. 174, S.64, Text in FT 174.
[154] „Korn in Aehren" in "Feierstundenträumereien", Beeskow 1932, Nr. 16, S.14, Text in FT 016.
[155] „Ich möchte ..." in "Feierstundenträumereien", Beeskow 1932, Nr. 164, S.50, Text in FT 164.
[156] „Irgendwann" in "Feierstundenträumereien", Beeskow 1932, Nr. 7, S. 5, Text in FT 007 und „An allen Wegen" ebda.
[157] „Mein Seelenflug" in "Feierstundenträumereien", Beeskow 1932, Nr. 11, S. 9, Text in FT 011.
[158] „An den Morgen" in "Feierstundenträumereien", Beeskow 1932, Nr. 22, S. 20, Text in FT 022.
[159] „Lebenskunst" in "Feierstundenträumereien", Beeskow 1932, Nr. 29, S. 27, Text in FT 029.
[160] „Freude" in "Feierstundenträumereien", Beeskow 1932, Nr. 47, S. 45, Text in FT 047.
[161] „Wenn nicht" in "Feierstundenträumereien", Beeskow 1932, Nr. 165, S. 51, Text in FT 165.
[162] „Für den Alltag" in "Feierstundenträumereien", Beeskow 1932, Nr. 134, S. 20, Text in FT 124.
[163] „Nur nicht verzagen" in "Feierstundenträumereien", Beeskow 1932, Nr. 159, S. 45, Text in FT 159.
[164] „Schlaflose Nächte" in "Feierstundenträumereien", Beeskow 1932, Nr. 137, S. 23, Text in FT 137.
[165] „Trost" in "Feierstundenträumereien", Beeskow 1932, Nr. 131, S. 17, Text in FT 131.
[166] „Heimatkraft" in "Feierstundenträumereien", Beeskow 1932, Nr. 79, S. 77, Text in FT 079.
[167] „Mark" in "Feierstundenträumereien", Beeskow 1932, Nr. 105, S. 103, Text in FT 105.
[168] „Niedersachsen" in "Feierstundenträumereien", Beeskow 1932, Nr. 108, S. 106, Text in FT 108.
[169] „Zur Deutschen Woche" in "Feierstundenträumereien", Beeskow 1932, Nr. 157, S. 43, Text in FT 157, „Eines nicht" a.a.O., Nr. 144, S. 30, Text in FT 144.
[170] „Deutsche Seele" in "Feierstundenträumereien", Beeskow 1932, Nr. 31, S. 29 f., Text in FT 031.
[171] Angaben ihres Sohnes Dr. Uwe Meyer, vgl. auch das Porträt Mia Meyers in Friedhelm Felscher: „Heimatdichtung und Auswendiglernen" in „Beeskow am Wasser", hrsg. vom Kunstkreis Beeskow, Beeskow 2007.

[172] Vgl. dazu https://de.wikipedia.org/wiki/Zeit_des_Nationalsozialismus#Judenverfolgung_1933. E2.80.931938
[173] Brief an Frieda Harms vom 2. März 1936 im Archiv Harms in Rieste, Kopie im Gemeindearchiv Bienenbüttel, Text in EB 053 + 054.
[174] „Grüße vom Nikolaus (Aufgesagt im Lazarett)" und „Grüße vom Weihnachtsmann (Aufgesagt im Lazarett)" von Mia Meyers Sohn Uwe, Text in „Lose Blätter" LB 33 + 34

VII. Mia Meyers Lose- und Einzelblätter

[175] "Segen der Krankheit" in „Lose Blätter", o.J., Nr. 11, Text in LB 021
[176] "Danke" a.a.O., Nr. 4, Text in LB 003
[177] "Zum neuen Jahre", a.a.O., Nr. 3 f., Text in LB 003
[178] „Sommerliche Mahnung" a.a.O., Nr. 6, Text in LB 007
[179] "Erntefest" a.a.O., Nr. 31 ff., Text in LB 013-014
[180] "Reifer werden" a.a.O., Nr. 43, Text in LB 023
[181] "Glaube" a.a.O., Nr. 44, Text in LB 024
[182] "Wanderschaft" a.a.O., Nr. 38, Text in LB 019
[183] "Unsere Kirche" a.a.O., Nr. 49, Text in LB 028
[184] "Abend an der Spree" a.a.O. Nr. 46 ff., Text in LB 026 f.
[185] "Zum Festabend des L.H.V." a.a.O., Nr. 50 ff., Text in LB Nr. 029 f.
[186] "Heldengedenken" a.a.O., Nr. 53 f., Text in LB 031
[187] "Vom Nikolaus" a.a.O., Nr. 62 f., Text in LB 034 und "Grüße vom Weihnachtsmann" a.a.O. Nr. 61 f., Text in LB 033 f.
[188] "Vor Weihnachten 1944" a.a.O., Nr. 60 f, Text in LB 033
[189] „Totensonntag 1922" in „Einzelblätter", Nr. 2, Text in EB 002 f. und „Zum Totensonntag 1922", a.a.O., Nr. 3, Text in EB 004 f.
[190] „Andacht" a.a.O., Nr. 25, Text in EB 044
[191] „Zur Verlobung" a.a.O., Nr. 25a, Text in EB 065 und „To Vadders 70. Geburtstag" a.a.O., Nr. 31 b, Text in EB 061 f.
[192] „Mahnung" a.a.O., Nr. 33, Text in EB 052, als Entwurf „Kopp hoch!" a.a.O., Nr. 33 c, Text in EB 063
[193] „Onkel Jürn" a.a.O., Nr. 27, Textbeginn in EB 046 f.
[194] „Up Wacht" a.a.o., Nr. 34 a, Text in EB 069

[195] Tante Mi (Mia Meyer): "Zwischen Ostern und Pfingsten oder Was der kleine Werner aus der Lüneburger Heide in Beeskow erlebt hat", Beeskow 1933, maschinenschriftliches Manuskript im Privatbesitz von Renate Meyer, Beverbeck, Kopie im Gemeindearchiv Bienenbüttel, Text in OuP (Zwischen Ostern und Pfingsten).
[196] "Das Bild der Großeltern", ebda., Text in OuP 006
[197] "Diele – Kuhstall", ebda, Text in OuP 007
[198] "Sehnsucht nach den Eltern", ebda., Text in OuP 008
[199] „Leutnant – Neutlant", ebda., Text in OuP 009
[200] „Soldaten mit Kindern", ebda., Text in OuP 018 f.
[201] „Gas- und Wasserleitungen", ebda., Text in OuP 019 f. Und „Wasserbassin", ebda., Text in OuP 024 f.
[202] „Der Wasserhahn", ebda., Text in OuP 027 f.
[203] „Schlitten statt Kahn", ebda, Text in OuP 020 f.
[204] „Bootsfahrt", ebda, Text in OuP 021 f.
[205] „Wörtlicher Gehorsam", ebda., Text in OuP 017 f. Und „Der höfliche Junge", ebda., Text in OuP 026 f.
[206] „Märchen", ebda., Text in OuP 011 f. Und „Der Lehrer", ebda., Text in OuP 012
[207] „Spielgeld", ebda., Text in OuP 008 und „Das Holzmesser", ebda., Text in OuP 010
[208] „Türenschaukeln", ebda., Text in OuP 014 und „Türenschlagen", ebda., Text in OuP 13
[209] „Onkel Beeskows Gesang", ebda., Text in OuP 016
[210] Zum „Horst-Wessel-Lied" vgl. https://de.wikipedia.org/wiki/Horst-Wessel-Lied
[211] „Die Rückreise", ebda., Text in OuP 028 f.

SPUREN
Schriftenreihe zur Geschichte der Einheitsgemeinde
Bienenbüttel

SPUREN 1 Die Einheitsgemeinde Bienenbüttel
Ausgabe 2004 vergriffen, 2. erweiterte Auflage   2014

SPUREN 2 Holger Runne
Geschichte der Amtsvogtei Bienenbüttel   2005

SPUREN 3 Hans-Günter Beecken
Hohnstorf 1241 – 2004   2005

SPUREN 4 Eberhard Behnke
K. Kayser und seine Chronik des Kirchspiels Wichmannsburg   2006

SPUREN 5 Jürgen Jarfe †
Wulfstorf   2007

SPUREN 6 Christine Meyer (Hrsg.)
Alt werden und alt sein in einer ländlichen Gemeinde   2007

SPUREN 7 Jürgen Jarfe †
Die Bedeutung des Geldes im II. Jahrtausend
Dargestellt vorwiegend am Beispiel Bienenbüttels
und umliegender Dörfer   2008

SPUREN 8 Holger Runne
Urkunden des Mittelalters für Bienenbüttel und seine Ortsteile   2009

SPUREN 10 Klaus Wedekind (Hrsg.)
10 Jahre Arbeitskreis Geschichte -
10 Jahre Gemeindearchiv Bienenbüttel   2010

SPUREN 11 Axel Holst – Dieter Holzenkämpfer
100 Jahre Sportvereine in Bienenbüttel -
Zur Geschichte des TSV Bienenbüttel und Umgebung e.V.   2011

SPUREN 12 Hans-Günter Beecken – Gisela Frischmuth -
Wilma Laudan – Klaus Wedekind
Vom Singcirkel zum Ilmenau-Chor Bienenbüttel
120 Jahre Chorgeschichte 1891 – 2011   2011

SPUREN 13 Dieter Holzenkämpfer
100 Jahre Graefke Fleischwaren – Vom Schlachtermeister
zum Wurstfabrikanten   1912 – 2012   2012

SPUREN 14 Hans-Günter Beecken – Holger Runne (Hrsg.)
Landwirtschaftlicher Verein Bienenbüttel und Umgebung
1912 – 2012   2012

SPUREN 15 Gertrud und Wolfgang Bödecker
Dorf-Schule Varendorf 1700 – 1972   2013

SPUREN 16 Horst Buchholz – Gerhard Wollenweber †
Bienenbüttel und die Eisenbahn   2013

SPUREN 17 Wilma Laudan
Grünhagen   2014

SPUREN 18 Holger Runne (Hrsg.)
Entdeckungen – Geschichten und Bilder
aus der Geschichte   2015